JN085912

語りから学ぶ法社会学

学ぶ

法社会学

声 の 現 場 に 立 ち 会 う

Learning from Narratives
Stepping Stones to Law and Society

Hidekazu Nishida
西田 英一

北大路書房

はしがき

　本書は，法社会学をはじめ，法と社会の関わりについて考える授業で使える「資料教材」としてつくりました。私自身ふだんの講義や演習で具体的事例を紹介していますが，そうした事例部分を集めて一冊の教材にできないかと考えたのが始まりです。

　教材作成に当たっては，当事者・被害者・関係者の語りをできるだけ多く，生のままで提示しようと心掛けました。というのも，一般にケースを取り上げるときは何らかの分析意図があって紹介するものですが，持っていきたいところを先に決めてしまうと，提示する語りデータも必要な部分や形に切り詰められ，そこからいろんな問いや解釈に飛ぶ可能性が狭まってしまうと考えたからです。このことは，拙著『声の法社会学』への書評で前向きな提案としてご指摘いただいた点でもあり，なるほどと思い，語りデータをできるだけ元の形・順序・長さで提示するよう努めました。

　結果的に，二次資料を利用している章も含めて，そうなっていないところもあります。それでも，できるだけ当事者の語りを目の前で聞いているように，大げさに言えば「声の現場に立ち会って」いるように読んでいただけるようにとの思いでつくりました。

　もちろん，当事者の声をそのまま提示して終わりということにもいきませんので，各章には「一応」問いと解釈例も付けています。そうした例を提示することで，読者それぞれの問い方や読み方を促すキッカケになればとの考えからです。前著への別の書評で，学生に読んでもらうには少しハードルが高いかもしれないが薦めたいとの意見をいただいたこともあり，純然たる資料ではなく例示的に小さな問いや解釈を加えることで，多少でも敷居を低くできればと考えた次第です。

　章によって順序は異なりますが，どの章もおおむね以下の部品で構成されています。主要パーツは，当事者の「語り」です。「注目voice」は，語りの中でもとくに刺激的・暗示的と感じたものを抽出しました。人によって，他のvoiceに刺激を受ける方ももちろんおられると思います。

　とくにはっきりとした区別をしているわけではありませんが，現場で発せら

れた個々の発話や身体的動作のことを〈声=voice〉と呼び，こうした声が集積された全体を〈語り〉というように呼んでおきます。

　さて，声と語りを共有した後に「問い」を提示し，語りデータに戻ったり追加情報も織りまぜたりしながら一つの仮説的「解釈」を提示します。ここはもういろんな考えがあるところかと思いますので，別の解釈（さらにいえば別の問い）をたくさん出していただくためのキッカケととらえていただければと思います。こうした読みや解釈の後に，個々の章で取り扱った事例の検討が，法と社会に関する考察のどんなテーマにつながるのか，その接点の例を提示します。これも挙げるべきものは多くあろうかと思いますが，一つの例としてご覧ください。

　このようなパーツで一つの章として構成したものを全部で13章，4つの部に分けて配置しました。第Ⅰ部の大川小学校津波訴訟から始め，喫煙をめぐる職場秩序，女性と仕事，そして犯罪被害者遺族の苦悩へと話題を移していきます。正直に言うと，最初から意図して4つのテーマ領域を設定したわけではありません。ただ，各章各部を配置し改めて眺めてみて，朧げながら一つの共通項として見えてくるものもありました。終章では，13の章を行き来しながら，いろんな場所でいろんな人が語った声やからだの向こうにあるそのsomethingについて考察しています。

　以上からおわかりのように，この本はいわゆる教科書や参考書ではありません。他方で，資料集とも少し違います。講義や演習，勉強会等の場面で，当事者の語りを手がかりに何かを考えるときに使っていただければと思っています。ちゃんとした法社会学の学習を始める前に，あるいはときどき具体的な事例や当事者の声に触れたいと思ったとき，逆に日常の生々しすぎる事案から一瞬離れ，別の事例の別の当事者の話から何か見つけられないかと思ったとき等々，それぞれの使い方をしていただけたらありがたいです。本書はそのための〈渡りの石〉のようなもので，確かな行き先やルートが示されているわけではありませんが，その分自由に跳んでいただければと思います。

　本書で紹介させていただいた当事者の方々には，それぞれに大変な状況の中，あえて声にして語っていただいたことに感謝いたします。テープ起こし（古い表現）した語りを読み返すたびに，以前下線を引いていなかったところに下線が入ります。その意味でも，本書で提示した小さな解釈例も，そのときどきの関心からみた一つの解釈にすぎず，いろんな観点と解釈に開かれていることは

言うまでもありません。

　他方，たとえば大川小学校津波事故のご遺族の佐藤敏郎さん，福島原発事故で10年以上避難生活を続けておられる富岡町の市村高志さんはじめ，多くの方から貴重なお話をたくさん聞かせていただいたのに，私自身の考えがなかなかまとまらず本書でご紹介できなかった課題も多くあります。

　こうしたことも含め，さまざまな苦痛や困難の中であるべき解決や支援の仕組みを探す営みに何かを加えられるよう，今後の課題として取り組んでいきたいと思っています。

2021年7月

西田　英一

はしがき

第Ⅳ部　犯罪被害者遺族の語り　加害者との関わりという課題

命を守る声とからだ

大川小学校津波訴訟

2011年3月の東日本大震災で，宮城県石巻市立大川小学校の児童74名と教職員10名が津波の犠牲となる重大事故が発生した。学校管理下で，戦後最も多くの犠牲者を出す事故となった。

　この事故には，学校，安全，防災と同時に，事故後の対応を含めた問題解決のあり方や裁判の意味等々，われわれが考えるべき課題が多く含まれている。

　第Ⅰ部では，3つの章に分け，問題解決における第三者機関や裁判の意義と可能性について当事者の〈声〉や〈からだ〉に注目しながら検討し，最後に法社会学的考察への糸口を提示してみたい。

第1章__ 会見場での母親の声

▶§1__ 語りと注目voice　　「学校という組織の中に，黒い魔物は，いてはならん！」

　2011年3月11日，東日本大震災の津波によって，石巻市立大川小学校の児童74名と教職員10名が犠牲になった。当日学校にいた子どもたちは，最初の地震動のあとすぐに校庭に集められた。教員らの指示のもとそこに約50分間待機させられた後，津波来襲直前に新北上川の三角地帯に移動を始め，ほどなくして津波にのまれたと見られている。この津波は，校庭と校舎まで押し寄せ，2階の教室まで達した跡が残っている。

　事故から3年後の2014年3月10日，児童23人の遺族が，宮城県と石巻市に対し総額23億円の損害賠償を求める訴訟を仙台地方裁判所に起こした。2年半後の2016年10月26日，仙台地裁は，少なくとも石巻市の広報車が大川小学校付近で津波の接近を告げ高台への避難を呼びかけた時点までに教員らは大規模な津波の来襲を予見できたはずであり，学校の裏山に避難しなかった学校側の過失を認定し，遺族へ総額14億2658万円の支払いを石巻市と宮城県に命じた。

　双方控訴となった控訴審判決で仙台高裁は，平時から児童の安全に配慮する義務を怠った点を認め，学校関係者の組織的過失があったとして，市と県に対して総額14億3617万円の支払いを命じた。

　一審に続き二審でも学校側の過失を認める判決が出たこの日，高裁前で待ち構える記者らの前に「勝訴」「組織的過失が認められた」「子供たちの声が高裁に届いた」と書かれた幕が掲げられた。この日2018年4月26日は，提訴から4年，事故からじつに7年以上の時が経っていた。

　さて，本章で注目しようとする声は，この二審勝訴判決後に開かれた遺族による記者会見場で聞かれた。正面の壁を背に，こちらを向いて横に長く2列に座った遺族は，一人ひとりマイクをリレーしながらこの判決にたどり着くまでの思いを語った。その中で，一人の母親が次のように語った。

これまで7年間。一進一退。前なのか後ろなのか，上なのか下なのか，わからないことが……。

ただただ，子どもの声に耳を傾けて，「お母さん，私は大丈夫。でもね，残った子どもたちは大変だよ。お母さん守ってね。」って言った。その声に導かれるようにして，今日この日を迎えられました。

そして，この判決のおかげで，この，子どもの願いが，少しでも，叶えられるべき判決文が下されたことに，とても……すがすがしいとは言えませんけれども，子を思う願いが叶った日であると，記念すべき一日になると，私は思います。

そして，未来を担う子どもたちを守るべき先生方に対して，この判決文が支えになり，そして，家族が守られるのであれば，私たちのこの7年間の苦しみは，決して無駄なものではなかったと，そう信じて疑いません。

「やることはやった」「私の怠慢」…そんなことじゃなく，生かすべきマニュアル，生きたマニュアルを是非つくっていただきたいと，心から願っています。

事後対応に対しては，何一つ認められなかったのは，とても残念です。今日この日まで，私たちはこの事後対応に苦しめられ，眠れない毎日が続いていました。

そして最後に，

学校という組織の中に，黒い魔物は，いてはならん！

以上です。

▶§2＿ 問い

当日私は，この会見をライブ配信で見ていた。弁護士による導入報告に続いて遺族が一人ずつ順番に語るのを，一言も聞き逃すまいと聞き入った。ようやくたどり着いた判決，ここに来るまでの苦労がそれぞれの言葉で語られたが，その中でもとくに上記の母親の声には大きな衝撃を受けた。

優しく落ち着いた調子で始まる語り。亡くなって以降もずっと対話し続けている子どもの声，7年間の苦しみ，判決への評価，それでも晴れない思いを語った後の「いてはならぬ！」の強い声に胸をドンと突かれた。何が起きたのか。状況を確かめようと声の主を探すが，その姿は人の影ではっきり見えない。他の遺族の動きにとくに変わった様子はなく，次の順番の母親のコメントが続く。

会見の模様を何度か聞き直し，声を文字に書き起こして話の流れをつかむことができた。しかし，「黒い魔物」が何なのか，それ以前の語りのどことどう関わっているのかはすぐにはわからない。確かなことは，圧縮された深く強い声がほんの一瞬現れたこと。「いてはならん！」の直後の「以上です」が元の

静かな調子に戻っているのを再度確認したとき，冒頭からの静かな語り口も，何十気圧もの強い自制の蓋で覆われていたのだと思い知った。

　ここで語られた，学校という組織に棲む黒い魔物が一体何なのか。さらに，法や裁判はその魔物をどう捉えた（捕えた）のか。この問題について考えるために，事故から判決までの経緯を少し見ておこう。

▶§3＿　経緯・背景

　ふだん裁判報道に接するとき，あたかも最初から加害者＝被害者が決まっていて，それが紛争になり，裁判所に持ち込まれて法的判断が下されるという "フレーム" で見てしまう。この大川小事件も含めて，現実の事件や紛争が裁判になるまでには実に多面的なやりとりがあり，その中で期待・落胆・怒り・見通し等が生まれ変容しながら，徐々に「相手方」や「問題」が発見され，曲げられたりつくりかえられたりしていく。

　以下では，本件判決に到るまでにどんな出来事があったのかを，起こった順に，⑴保護者説明会，⑵大川小学校事故検証委員会，⑶訴訟の３つの局面に分けて見ていく。

【1】　保護者説明会　〈交渉〉

①　生き残り教員の証言

　なぜうちの子が死ななければならなかったのか。もっと河口に近い学校でも，避難して助かっている。たとえば，沿岸から200メートルしか離れていない相川小学校では，二階まで達する高さ15メートルの津波に襲われたが，学校にいた児童全員が山に登って助かっている（菊地2011）。沿岸から約４キロ上流にある大川小の校庭で，なぜそれができなかったのか。

　実際，午後２時46分の地震動のとき以降，子どもたちはずっと教職員と一緒だった。しかも，地震発生から津波到達までには約50分の時間があり，この間に防災無線・ラジオ・市の広報車による津波警戒情報もあった。情報も時間もあった中で，なぜ避難できなかったのか。いったい何があったのか。

　事故当時学校にいた教職員のほとんどが亡くなってしまったが，生き残った教員が一人いた。この教員の説明は，空白の50分を埋めるものとして，誰もが期待し説明を待っていた。

　事故から１か月近く経って，ようやく市教委による保護者説明会が開かれた。

市教委側の説明は，裏山は地震の揺れで木が倒れていたため避難できなかったというものであった（小さな命：30頁）。生存教員のE教諭の口からは，「余震が来て揺れるたびに，バキバキ（メキメキ）と木が倒れる音がしました」と，具体性のある説明がなされた。さらに同教諭は，自分が助かった経緯を次のように説明した。

校庭でずっと待機した後，川沿いの三角州に向かって教員と子どもたちで列を組んで移動する途中，川沿いの道路にものすごい高さの津波が来るのを見た。最後尾にいたE教諭はとっさに「山だ，山だ，こっちだ！」と叫んだ。その後，「山のところにたどり着いたとき」，杉の木が2本倒れて来てはさまる形になった。その瞬間に波をかぶってもう駄目だと思ったとき，波が来たせいか木が軽くなった。メガネも靴もなくなっていたが，数メートル先に助けを求める3年生の男の子がいたので，その子を押し上げるようにして必死に山を登った。その後，山の反対側に出て，高台にある自動車整備工場に助けを求めた。

こう説明した後，E教諭は，「本当に，毎日，学校中庭で元気に遊んでいる子どもたちの夢とか，直前まで卒業式の用意をしていた先生たち，教頭先生はじめ，その夢を毎日見ます。本当にすみませんでした。」と言って泣き崩れ，説明会終了まで机に突っ伏していたという（佐藤和隆 2017：44）（パリー 2018：115）。E教諭の証言は，一つひとつが具体的で生々しく，終わり方も劇的であった。貴重な証言者であるE教諭は，体調不良となり公務災害で休職のまま，その後人前には一切姿を見せなくなった。

しかし，E教諭の証言を含め，学校側の説明にはその後多くの矛盾点が指摘されている。たとえば，E教諭は自分も津波にのまれ靴も失くしたと説明したが，同教諭を迎え入れた整備工場の妻は，E教諭はスーツを着ていた，衣服は濡れていなかった，靴も履いていてきちんと脱いでから家に上がった，と話している。また，倒木があったため山に避難できなかったという説明については，実際には大川小周辺の山に地震による倒木は一本も確認されていない。一般的に言っても，地割れや土砂崩れでもない限り「地震の揺れで樹木が倒れることは考えにくい」（大川小検証委2014：62）と言われている。

2か月後に開催された第2回保護者説明会では，この倒木は「あったように見えた」に訂正された。そのほかにも釈然としない説明で疑念が増す中，質疑応答の途中で説明会は突然打ち切られる。

②　生存児童の証言

当日の校庭の様子を知っているのはこの教員だけではなかった。E教諭以外に，数名の児童が助かっており，親たちは子どもたちから当日の様子を聞いている。たとえば，校庭で待機中に，6年生男子2名が「このままここにいたら危ないから，山さ逃げよう。」と懸命に教員に訴えていたことがわかっている。しかし，2人は教員から「勝手なことを言うな。黙ってそこにいなさい。」と厳しく注意され，列に戻されたという。男子児童は，「体育座りをしてじっと歯を食いしばり涙を流していた」と，生き残った児童が証言している。

　③　消された証言，捨てられたメモ

　5月になって市教委は生存児童に聞き取り調査を行った。凄絶な体験をした子どもたちにとって，急に知らない人たち（市教委の主事）が来ていろいろ聞かれたことが大きな苦痛となったことは間違いない。聞き取り後に複数の児童が体調を崩している。

　問題はそれだけではない。恐ろしい光景を再生させられ，それでも懸命に記憶を語った証言は，なぜかその後あっさり消去・廃棄されてしまう。生存児童の一人である只野哲也さん（被災当時5年生）は，当日校庭で山への避難を訴えた児童（上記の6年男児2人）がいたことをこの聞き取り調査で主事に伝えている。第2回保護者説明会で，市教委は聞き取り調査をもとに，「山へ逃げよう」と言う男の子がいたと説明したのに，児童の聞き取り調査をまとめた報告書では，山へ逃げようと進言した児童がいたことは記載されていない。

　保護者は聞き取り時の記録の開示を求めたが，録音等はしておらず，メモは「たまるだけなので」「すべて廃棄」したという。聞き取りをした指導主事は，後の保護者説明会で，「そういうことを話した子どもたちは」「いなかったです。」と答えている。聞き取りで子どもたちが「言ったこと」は，「言っていない」ことへと180度転換した。

　市教委が2回で終わらせようとした説明会は，保護者らの辛抱強い働きかけで，1年半の間に合計10回行われた。しかし，あいまいな説明や逃げ腰な態度によって，遺族は子を失った悲しみの上に，別の苦しみまで負わされることになった。記者会見場で母親が「今日この日まで，私たちはこの事後対応に苦しめられ，眠れない毎日が続いていました。」と語った苦痛は，説明会をはじめとする学校・市教委の不誠実な対応から来ている。

【2】　大川小学校事故検証委員会〈ADR〉

　真相解明に向かうよりも，どんどん後戻りし，問題の輪郭がかき消されよう

としているとき，文科省の提案で大川小学校事故検証委員会が組織されることになった。「第三者」の登場である。

　しかし，こちらも親たちが求める真相解明まで到達せず，むしろ大きな落胆や怒りを残して終了してしまう（佐藤和隆2017）（池上・加藤2014）。

　検証委員会は，事故原因について，「この事故の直接的な要因は，避難開始の意思決定が遅く，かつ避難先を河川堤防付近としたことにある」（大川小検証委：はじめに）と述べるが，遺族が求めているのは，このような最早自明となった情報ではない。たとえば，高速バスか何かで多くの命が失われる事故が起こったケースで，ブレーキを踏むのが遅く，しかもハンドルを間違った方向に切ったことが事故原因だと述べられただけでは誰も納得はしまい。

　もちろん，検証委員会は，直接的な原因の背後にある要因等についても検討している。たとえば，大川小学校の災害マニュアルが「必要な検討が進められないまま」になった背景要因について，「災害対応マニュアルに対するチェックの仕組みが欠落していたこと」（大川小検証委：150）等を挙げ，そこから，「各校の学校評価における評価項目としての明確な位置づけ」等の仕組み構築の提言に結びつけている。

　しかし，親たちが検証委員会に期待したのは，こうした仕組みを「置く」ことではなく，それらを実際に「つくったり，使ったり」できなかったのはなぜなのかという，もっと踏み込んだ検証と分析だったと思われる。結局，「24項目の提言」を残して，委員会は終了する。提言のなかには，「監視カメラ・簡易地震計の設置」や「津波や風水害を意識した立地条件を考慮すること」といった項目が挙げられているが，大川小学校の事故分析から導かれたかどうかよくわからないとの批判が遺族から出ている。

【3】　裁判

　こうして，保護者説明会も検証委員会も，「なぜ子どもたちは死ななければならなかったのか」について，その核心部分をほとんど明らかにしていない。

　事故から3年後の時効ギリギリの2014年3月10日，児童23名の19遺族が，石巻市と宮城県を被告として損害賠償請求訴訟を提起した。準備は比較的早い段階からしていたそうであるが，それでも迷いのなか決意した訴訟だったと思われる。

　2016年10月26日，仙台地裁は，「学校の教師らは，遅くとも津波が到達する7分前の15時30分までに大川小学校に津波が来ることを予見し得たのに，裏山

ではなく三角地帯に移動させた過失がある」と認定し，市と県に対し連帯して合計14億2,600万円余の損害賠償金の支払いを命じる判決を言い渡した。

　市・遺族双方控訴となった第二審では，事故「当日」の教員の行動ではなく，学校・教育委員会の「事前」の防災対策の適否が争点となり，震災前の2010年時点で児童らの安全を確保する義務を懈怠したとして学校・行政側の組織としての過失が認められ再び遺族側勝訴となった。その後，市と県は上告したが，最高裁は2019年10月上告を退ける決定をし，遺族側勝訴が確定した。

　控訴審の争点となった「震災前の防災体制の適否」に関しては，災害時の避難場所の指定の仕方が問題となった。被災時点の津波防災マニュアルでは，大川小学校の避難場所は「近隣の空き地・公園等」としか記載されていなかった。しかし実際のところ，学校周辺には避難場所となるような「空き地や公園」はない。本来，市教委と学校は，学校保健安全法に基づいて，2010年4月時点で想定されていた宮城県沖地震による津波から児童を守る義務を負っており，マニュアルのなかに安全な避難場所・避難経路・避難方法を決めておく義務があったが，市と学校はそれを怠り，実体のない避難場所の文字だけを記載して済ませていた。具体的な避難場所が決められていれば，どこに避難するかを当日の校庭で議論して逃げ遅れることもなかった，ということである。

　この事前の組織的過失を認めたことが，大川小判決の画期的な部分といわれるところである。他方，もう一つ注目すべきは，市教委・学校側の「事後対応で受けた苦痛」に対する賠償を請求した点であろう。その苦痛とは，「市教委として遺体捜索に協力しなかったこと」に始まり，上記で述べた「生存者の聞き取りメモの廃棄」「事故後の虚偽の説明」「説明会の開催時期の遅れ」「開催回数の少なさ」「不十分な説明と事実の隠蔽」等々である。しかし，冒頭の母親が会見で述べたように，実際にはこの裁判でこれらの請求は認められなかった。

▶§4＿　一つの解釈

　冒頭の問いに戻ろう。学校という組織に棲む黒い魔物とは一体何だと思われるだろうか。

【1】　官僚制：文書主義と身体感覚喪失

　もちろん正解はわからないが，少なくとも校長やE教諭，あるいは市教委の

課長や指導主事といった，具体的な人たちのことだけではないだろう。たまたま子どもの生命や身体に無関心な人たちがいたということではなく，魔物という言葉には，それを超えた何か得体の知れないもの，人を惑わす何かが暗示されているように思う。

① 事前＝平時

　教育委員会から提出するよう言われたから出しただけの学校計画。そのマニュアルの避難先の欄に記載しただけの「近隣の空き地・公園等」の文字列。その場所が，この大川小の場合実際どこになるのかは，具体的・身体的に確認されなかった。

　一方，市教委の方は，提出してきたから受け取っただけで，内容については個々の学校で検討しているはずだという。検証委員会の指摘に沿って言うなら，「災害対応マニュアルに対するチェックの仕組み」があれば，それが作動して問題を生まなかったということになるのだろう。しかし，チェックの仕組みをチェックするものは，最終的には生身の人であり，もっと言えばそれぞれがもつ違和感，皮膚感覚，恐れではないのか。マニュアル作成の参考例に書いてある〈空き地や公園〉を丸写ししようとしたとき，ここには空き地や公園はないが，そしたら裏山の方が安全確実だな……と，子どものからだをそこに置いて考える身体感覚があれば救われたのではなかったか。その身体的思考が働かず，子どもたちの生命になんの効果もない書類の上を津波が襲ってしまった。

② 当日＝校庭で

　他方，当日の校庭で，E教諭は教頭らに山への避難を提案したが，「何かあったら責任取れるのか」と言われ，「強く言えなくなった」（池上2014:22）とも言われている。このままではまずい，と感じて必死に進言したE教諭の身体感覚を無効にしたのは，校長―教頭―教務主任と続く上下関係と，責任を取らされる恐怖ではなかったか。ものを言って後で非難を浴びる恐怖にあらかじめ捕われた体は，防災無線・ラジオ・市の広報車の〈声〉を聞いても津波の危険に怯えることができなかった。

　他方，「山さ逃げよう」と提案した子どもたちのからだは，魔物に囚われた大人たちのからだの何倍も賢明だったといえる。この提言をした男児の母親の今野ひとみ氏は，「『津波が来るから山さ逃げよう』。震災当日，息子の大輔が校庭で先生に叫んでいた言葉です。息子は助かりたくて必死でした。」と語っている（河北新報2017年3月30日）。

もちろん，現場にいた教員誰もが子どもを守ろうと動いていたはずだが，死の恐怖よりも，責任や非難の恐怖が上回っていたということなのだろうか。

　③　事後＝説明会

　事後対応にも，責任を回避しようとする魔力が働いていた。苦痛の中で子どもが懸命に証言した内容を，「聞いていない」「報告書にはなかった」と何度も言い張るとき，身体感覚は徐々に麻痺し，恐れや後ろめたさも消えていったのだろうか。

　われわれの日常に潜み誘惑してくる魔物は，事前，当日だけでなく，事後対応の最中にもずっと生き続け，その身体的無感覚はずっと保持されている。言い換えれば，大事故になった原因は平時の時点で用意され，当日の校庭での動作を拘束し，事後対応の最中にも続いている。つまり，事故は今も潜在的に継続しているともいえる。

　だからこそ，遺族は事故原因の究明と一緒に，事後対応の問題を法廷に突きつけたはずである。

　原告側代理人は，事後対応の問題をあえて「第一審原告らが抱く我が子を取り戻したいという気持ちを本来そのまま請求とすべきところ被災児童の死亡及び本件事後的違法行為によって被った苦痛の全体に対する制裁的要素を反映した満足感情の実現」として賠償を求めた。

　しかしながら，控訴審判決では，それらは国家賠償法１条１項にいう違法な行為と認めることはできず，また不法行為を構成するものと認めることはできないとした。現在の法とくに損害論の感覚器官には，事後対応に何度も現れた本事件の本質は直接知覚されることがない。

【2】　話し合い：勝訴だけで終わらない問題解決

　とくに，本章で取り上げた大川小学校の事例は，①保護者説明会，②大川小学校事故検証委員会，③裁判という，紛争解決手続でいえば，交渉／ ADR ／訴訟の３つの主要な処理方式が連続的に試みられた例である。

　本事例にかかわらず，一般に当事者同士の交渉では，当事者は２つ以上の作業をしなければならない。すなわち，話し合いの〈中身〉について相手とやりとりをする作業と同時に，それ以前にその土台となる〈話し合う関係〉をつくって維持していかなければならない。しかし，本件のように，不都合なことは言わない，あるいはそもそも話し合いのテーブルにつくことを避けようとする相手と「話し合う」ことはできない。市教委が最初２回で打ち切ろうとした保護

者説明会を，その後も開くよう求めた保護者の苦労は並大抵のことではない。しかし，その話し合いの場の維持の労苦にもかかわらず，教育委員会の対応や説明内容は保護者にとってほとんど不満足なものであった。

　そこで登場したのが，いわゆる第三者委員会である。しかし，この委員会は，一般的な〈教訓〉を引き出すことを着地点とし，「この」大川小の事故に内在する「問題」の検証や分析には重きを置いていなかった。保護者にとっては，説明会での市教委による対応に苦しんだだけでなく，委員会の成果への落胆や不満をもたらすものとなった。

　こうした限界は，「検証にあたっての基本的な考え方」の中に自己言及されている。大川小学校事故検証報告書の冒頭には，「本検証の目的は，『誰が悪かったのか』という事故の責任追及ではなく，『なぜ起きたのか』という原因究明と『今後どうしたらよいのか』という再発防止である。」と明記されているが，大川小でなぜこれほどの犠牲者を出すことになったのかの分析を素通りし，一般的提言だけ残して終わっていった。

　こうして2つの手続が実質的に挫折するなかで始めた裁判。2人の弁護士の献身的な活動と同時に，原告になっていない世帯も含めた保護者たちの地道な活動によって勝訴判決に到達した。

　しかし，保護者たちはこれで問題がすべて終わったと考えているわけではなく，ようやく出発点に立つことができたという声を聞く。つまり，「勝訴＝解決」ではないということ。長く苦しみながら問いかけてきたことが何であったのか，そのうち裁判で得られたものが何で，そうでないものが何なのか。また判決を重要なきっかけにして，これから何を問い考えなければいけないのか。保護者や関係者，そして全国の支援者等がつながりながら，問題解決の作業は今日も続いている。

【引用文献】
菊地正憲(2011)「津波で全校児童の七割が犠牲に」中央公論8月号166-173頁
池上正樹・加藤順子(2014)『石巻市立大川小学校「事故検証委員会」を検証する』ポプラ社
小さな命の意味を考える会(2020)『小さな命の意味を考える(第2集)宮城県石巻市立大川小学校から未来へ〔第2版〕』
佐藤和隆(2017)「裏切りの文部官僚・前川喜平」WiLL2017年10月号38-47頁
リチャード・ロイド・パリー〔濱野大道訳〕(2018)『津波の霊たち——3・11死と生の物語』

早川書房

大川小学校事故検証委員会(2014)「大川小学校事故検証報告書」

▶§5__ 法社会学的考察の糸口

　以上，一つの事例に焦点を合わせ，さまざまな紛争処理方法の意義や問題点について例示的に検討してみた。「はじめに」で述べたように，解釈は多様にあり，その多様性を生み出すためにも，一つのケースの全体を見ること，さまざまな角度から検討することは重要である。

　次章以下もそうであるが，当事者による問題解決へのさまざまな取り組みに目を向け，そこから法や裁判，ADR，法専門家等の意義と問題点，今後の可能性等について考えていくことが望まれる。

　以下は，そうした法社会学的考察に向かうときの参考例である。

【1】　事件・事故の実際を知る

　この大川小学校の事例を含めて，当事者の声やそれを間近で取材した以下のような資料・文献は，出来事を知る重要な手がかりとなる。

　リチャード・ロイド・パリー〔濱野大道訳〕『津波の霊たち──3・11 死と生の物語』(早川書房，2018)。池上正樹・加藤順子『石巻市立大川小学校「事故検証委員会」を検証する』(ポプラ社，2014)。佐藤美香『ふたりのせかいりょこう──東日本大震災から6年：姉妹人形の奇跡』(祥伝社，2017)。河北新報社報道部『止まった刻──検証・大川小事故』(岩波書店，2019)。井上郁美『東名事故から10年目の訴え』(河出書房新社，2009)。美谷島邦子『御巣鷹山と生きる──日航機墜落事故遺族の25年』(新潮社，2010)。柳田邦男『犠牲（サクリファイス）──わが息子・脳死の11日』(文藝春秋，1995)。

【2】　紛争と解決の法社会学

　制度理念や制度運営者ではなく，当事者の観点に立って紛争処理制度の意義と問題点について多角的批判的に検討し，あるべき姿を展望するものとして，和田仁孝『民事紛争交渉過程論（増補第2版）』(信山社，2020)。裁判に関する法社会学研究としては，和田仁孝『過程としての裁判と法専門家（法臨床学への転回 第3巻）』(北大路書房，2021)。ちなみに，同書を含む「法臨床学」シリーズ全3巻は，臨床という立ち位置から法と社会の関わりを捉えようとする和田の研究集積である。

ADR（裁判以外の紛争処理手続）については，まず和田仁孝『紛争過程とADR（法臨床学への転回 第2巻）』（北大路書房，2020）がある。同書は著者の長年の紛争・ADR研究の集大成である。多様でありうる解決の仕方に対する法的紛争解決の自足的で特権的な強行性の批判の上に，当事者の問題解決への取り組みを基点にした新しい制度・実践のあり方を提案する。

入江秀晃『現代調停論──日米ADRの理念と現実』（東京大学出版会，2013）は，ADRの理論や仕組みがどのような経緯や背景から生まれてきたのか教えてくれる。全貌，全体像の中で，個々の理論や制度の意義を理解しようとする視点が，要所要所に置かれた一覧表にも表れていて，制度の実態と特徴やポジショニングを理解する上でもとても役立つ。

各論的なテーマとして，第三者委員会の機能に関しは，住友剛『新しい学校事故・事件学』（子どもの風出版会，2017）が，事例や実態に足場を置いた貴重な提言を行なっている。その他に，福井康太「組織に法令を遵守させる事実的な力──「第三者委員会」を手がかりに──」林田幸広・土屋明広・小佐井良太・宇都義和編『作動する法／社会──パラドクスからの展開』（ナカニシヤ出版，2021）は，第三者委員会の機能化条件を検討している。

許し・赦しも，当事者にとっての解決を考えるときに不可欠の検討要素である。これに関する法社会学的研究としては，土屋明広「「赦し」と法──「花岡和解」を通して」林田幸広・土屋明広・小佐井良太・宇都義和編『作動する法／社会──パラドクスからの展開』（ナカニシヤ出版，2021）が深い考察を行っている。

被害者遺族や関係者への丹念な聞き取りを手がかりに法・裁判の意義と問題点を明らかにしようとする小佐井良太の一連の研究は，法のフィールドワーク／エスノグラフィーとして貴重かつ重要。小佐井良太「飲酒にまつわる事故と責任──ある訴訟事例を通してみた死別の悲しみと法」九大法学88，93，94号（2004，2006，2007）等参照。

第2章__ 無音の声　ほら,カラダが語ってる

▶§1__　注目voice　「……」（無言。「シー」のしぐさ）

　本書は，具体的な事例，それも当事者や関係者の「語り」に注目しながら，法社会学学習の導入を図ろうとしているが，じつはこの語りはいろんな姿をとって現れる。通常，語りと聞いてわれわれがすぐにイメージするのは，おそらく声を伴った発話動作であろう。読み聞かせや紙芝居にはじまり，路上や職場での諍いから法廷での証言等々，それらは声となって人に「聞かれる」。他方で，語りは文字によって「読まれる」ものでもあり，時間や場所の制約を超えてわれわれの前に現れる。これら二つの語りは，形や出会い方は異なるが，どちらも言葉が使われているという点では共通している。

　もっとも，語りはつねに言葉で行われるわけではない。ときに，言葉を使わない語りが，〈からだ〉によってもたらされる。そしてそれは，声や言葉以上に何かを語りかけてくる。それどころか，声や言葉の一つひとつを，同じ人のからだの動きが全否定し，語り手の意に反して何かを暴露してしまうことだってある。

　本章では，議事録や尋問調書といった“発言”の記録だけでは見えてこない“身体的な語り”に着目し，〈からだ〉が紛争・解決プロセスの中でどんな役割を果たすのかについて一緒に考えてみたい。

▶§2__　問い　問題解決プロセスのなかで，からだはどんな働きをするのか

　問題や紛争解決の場では，何が話されたか，それにどう答えたのかにわれわれは注目しがちだが，対面場面での対話では，距離や配置，しぐさ，表情などの身体的な動きも重要な働きをしている。本章では，この身体が問題解決場面でどんな役割を果たしているのかについて考察してみよう。

▶§3__ 語りを聞く

　以下では，大川小学校津波事故の保護者説明会のやりとりの中に，突然「身体的語り」が出現する場面を紹介する。なお，事故やその後の経緯について第1章と重複する部分があるが，この章を単独で読む場合も考えて，事故とその後の経過の説明から始める。

【1】　事故とその後の経過

　2011年3月11日の津波で，宮城県石巻市立大川小学校の児童74名が犠牲となった。14時46分に起きた激しい揺れで，校舎内にいた子どもたちはすぐに校庭に一次避難した。その後，防災無線や指揮台上のラジオは，大津波警報を伝え，高台への避難を呼びかけている。15時25分，市の広報車が高台への避難を呼びかけて学校前を通過していったが，子どもたちはずっと校庭に留まったままであった。

　地震から50分後の15時36分頃，ついに教職員と子どもたちは，北上川方向にある三角地帯に向かって移動を開始。しかしその1分後，津波はその北上川の堤防を越え，子どもたちは津波に流されてしまう。校舎内の時計は，すべて15時37分で止まっていた。

　この東日本大震災では，「岩手，宮城，福島3県で園児・児童・生徒553名が亡くなった」が，学校管理下（つまり授業時間内で教職員がいる中）で犠牲になったのは，1つの中学校（生徒1名），2つの幼稚園（園児13名）など限定的であり，大川小学校のように多くの子どもが犠牲になった例は他にない。ちなみに，同じ石巻市で大川小学校よりずっと海に近い門脇小学校では，校内にいた240名の児童は教職員の誘導で近くの日和山に避難し全員が助かっている。

　なぜ大川小だけこれほどの犠牲者を出してしまったのか。先生たちがいて，しかも地震発生から51分という時間と避難を促す警報・情報が複数あった中で，どうして子どもたちは助からなかったのか。校庭で何があったのか。

　親たちのこの疑問に答える場として，事故から1か月近く経った4月6日，市教委による保護者説明会（第1回）が開かれた。

　学校・教育委員会側からは，地震で木が倒れていたため山への避難はできなかったと説明があった。この事故では，当日校庭にいた人のほとんどが犠牲になったが，教員1名が奇跡的に助かっている。この唯一の生存教員E氏もこの

説明会に出席し、「バキバキと木が倒れてきた」など事故の状況を生々しく語った。しかし、実際には山に倒木は1本も確認されていないことや、助けを求め一時滞在させてもらった整備工場の夫婦の証言と大きく食い違うなど、この教諭の説明には多くの矛盾点が指摘されている。説明会でのE教諭は、毎日子どもたちや先生たちの夢を見ます、本当にすみませんでしたと言って終了まで泣き崩れたままだったという。E教諭が人前で話したのはこの日が最後で、その後は体調不良で休職したまま一切姿を見せなくなった。第1回保護者説明会から10年以上たった今も、校庭での50分間を知る教員の口は閉じられたままである。

　もっとも、生存者はE教諭だけではなく、当日校庭にいて助かった子どももいて、親たちに重要な証言をしている。子どもたちの話によると、校庭で待機していたとき、6年生男子2名が「このままここにいたら危ないから、山さ逃げよう。」と必死に教員に訴えていたという。しかし、「勝手なことを言うな。」と教員に叱られ、男子児童は列に戻り「体育座りをして歯を食いしばり涙を流していた」と、生存児童らが伝えている。

　市教委は5月に、生存児童らに聞き取り調査を行った。壮絶な体験をしてショックを受けている子どもに対し、親の同席もないまま聞き取り調査をしたこと自体の問題が指摘されているが、子どもたちは懸命に当日の様子を指導主事らに伝えている。当時5年生だった児童は、山への避難を訴えた6年男児がいたことを指導主事らに話している。ところが,市教委の聞き取り報告書には,この証言は記載されていない。聞き取り時のメモもすべて「廃棄した」という。

　6年男児の山への避難進言については、第2回説明会で、市教委は「山へ逃げよう」と言う男の子がいたと一旦は説明したが、その後は、「そのような事実はおさえていない」と説明を一変させている。

【2】　議事録上のやりとり

　子どもたちが裏山への避難を訴えていたこと、そしてそのことを聞き取り調査で証言した子どもがいたことが,なぜ「なかったこと」になってしまったのか。

　このことについて、事故から約1年半後の2012年8月26日に開かれた第6回保護者説明会で保護者らは改めて説明を求めている。以下は、そのときの議事録の一部である（なお,（　）内は西田による注釈その他である）。

〈司会〉
　15分過ぎましたので，再開させていただきたいと思います。（中略）
〈保護者〉
　先ほど教育委員会のほうから説明があった，子供たちが山に逃げたがっていたということ。これを前回の経緯からお話ししますと，子供たちが山へ逃げたがっていたと。それから，先生にも進言していたということは，多くの証言あるいは報道等でも明らかになっていて，去年の6月4日の説明会（第2回説明会）では，市教委の説明の中で，ここって海沿いなのという女の子や，山さ逃げようという男子がいたと市教委から説明いただきました。しかし，子供たちの聞き取り調査の報告書にはその記載はありません。（中略）どこから入手した情報かわからないけれども，去年の6月の時点では，山に逃げようという子供たちがいたということを教育委員会では認識していたということでいいですか。6月の段階で，K先生（元指導主事）はもちろん，全体として認識していたという押さえでよろしいですか。
〈元指導主事〉（ここでは，聞き取り調査を行った時点での肩書きをもとに，元指導主事と表記）
　そのとおり説明しておりますので，当然認識していたと思っております。
〈保護者〉
　間違いないですね。その後指摘されても，教育委員会としては押さえていないと言ったのはどうしてですか。
〈元指導主事〉
　まとめて，記録がこうやって時系列にまとめたやつが，子供たちの情報をもとにつくった中にその情報がなかったので，そういうお話をしたと思います。
〈保護者〉
　6月に説明したK先生も，1月，2月，3月の時点ではもうその認識はなくなっていたということでよろしいですか。
〈元指導主事〉
　文章をまとめた時点で，その中にはなかったというのはわかりました。
　（中略）
〈保護者〉
　はい，それで山に逃げようという子供たちが，山に逃げたがっていたということは，私はいろんな意味で大事なことだと思うんですけれども，それはもう3月の18日の時点ではなかったということでよろしいですね。それから，聞き取り調査の報告書には子供たちが山に逃げようと言っていたという記載は一切ありません。前回も言いましたけれども，さっきの説明の中でも，聞き取り調査の中で，聞き取りをした子供たちから出た話ではなかったということが出ていましたけれども，それでいいんですか。聞き取り調査には一切出なかったと。
〈C校長〉
　はい。1月，3月のまとめをつくったのは私なんですが，聞き取り，私はあくまでも1回目の聞き取りのときの記録と，私が入ってからの聞き取りの記録，それを時系

列に全部並べて，その中に，山さ逃げようという記録は一切出てきませんでしたので，私はそれの部分を入れませんでしたし，認識はないと，そういう情報はつかんでいないということをお答えしています。

〈保護者〉

　C先生がないのはわかります。もう，その報告書からはもう記載されていませんし，6月にいたわけではないので。だから，5月に子供たちの聞き取り調査をしましたよね。子供達の聞き取り調査の証言の中には，友達が山に逃げようと言っていた子がいたという証言は一切なかったということでよろしいですか。

〈元指導主事〉

　なかったです。（★1）

〈保護者〉

　でも，私は子供達の話を聞くと，山に逃げようと言った男の子たちがいたと，聞き取り調査のときに話したと言っていますが，それは子供たちがうそをついているということでよろしいですか。

〈元指導主事〉

　それは，私はそういうことは言えません。子供たちがそう言っているんでしたら，私はそれをうそだとはもちろん言いません。ただ，私がまとめた報告書になかったです。

〈保護者〉

　K先生も聞き取り調査をされていますよね。

〈元指導主事〉

　しています。

〈保護者〉

　K先生が聞き取り調査をした子供たちで，そういうことを話した子はいませんでしたか。

〈元指導主事〉

　いなかったです。（★2）すみません，話しているお子さんってだれというか。（★3）

〈保護者〉（聞き取り調査で証言した児童の保護者）

　○○ですけれども，うちの息子は，最初に6年生の男子児童の中で，山へ逃げようという男の子がいたらしいけれども，どうなの，っていうこと聞かれたって言っています。（★4）

　そのときにおそらく，メモを見ると，K先生とあとおそらく担任の○○先生が立ち会っている。調査をしたんじゃないかなと思うんですけれども。

〈元指導主事〉

　たしかに私がそのとき聞き取りをしました。はい。私が聞き取りはしましたということです。

〈保護者〉

　そこで，山に逃げようという子供がいた話は出なかったんですか。

（★5）

〈保護者〉

　じゃ，うちのがうそを言っているということですね。

〈元指導主事〉

　そうは言って……

【3】　からだの登場（しぐさによる自己暴露）

　以上が，議事録に載った発言である。他方で，この同じやり取り場面を記録した動画が公開されている（【引用文献】参照）。相互を照らし合わせ，この動画から得られる情報を上記議事録中の★の部分に補足的に追加することで，発言の趣旨や全体の流れがより立体的に理解できるように思われる。

（★1：元指導主事の消え入りそうな声）

　これは，「山に逃げようと言っていた子がいたという証言は一切なかったということでよろしいですか。」との質問を受けて，聞き取りをした元指導主事が「なかったです」と答えた部分であるが，動画で聞く声の音量は極端に小さい。同じ指導主事の他の発言に比べても，ここだけが特別に声が小さい。

（★2：保護者席からえーっ？と訝る声）

　児童の山への避難進言について，記録になかった／まとめた中になかった／報告書になかった……と繰り返す元指導主事に対して，「聞き取り調査をした子供たちで，そういうことを話した子はいませんでしたか。」と念押しされ，「いなかったです。」と答えている（★1と違って，今度の声は通常の大きさでちゃんと聞こえる）。

　さてこの「いなかったです。」の断定に対して，議事録には記載されていないが，保護者席からか，えーっ？と訝る声が複数上がった。★1の消えそうな声と異なり，「すみません，話しているお子さんってだれというか。」と，この不審の声に対抗するかのように，むしろ積極的に逆質問に出た。

（★3：課長のシーのサイン）

　★1の小声，★2の訝る声情報が入らないのは，議事録は発言者の発言を記録するものだからであるが，まさにこの記録される声情報に残されない点を頼

んでか，★3のところで横の席にいた課長から堂々とした身体的「語り」が挿入された。参考までに椅子の配置について補足すると，保護者から見たときの正面に，元指導主事ら教育委員会関係者が2列になって保護者と対面する形で座っている。教育課長らは，保護者から見た上手側に，元指導主事らを真横から見るような向きで座っている。真上から見ると二画目の下半分が切れたヨの字のような配置になっている。

　元指導主事の「すみません。話しているお子さんってだれというか。」の直後の★3の部分で，正面右側の列に座っていた市教委の教育課長のしぐさを加えて，上記のやりとりの続きを記述すると以下のようになる。（　）内は，西田による注釈。

〈保護者A〉
　K先生も聞き取り調査をされていますよね。K先生が聞き取り調査をした子どもたちで，そういうことを話した子どもたちはいませんでしたか。
〈元指導主事〉
　いなかったです。
　（保護者席から，えーっ？と訝る声が複数聞こえる）
〈元指導主事〉
　すみません，話しているお子さんってだれというか。
〈課長〉（★3）
　（右手人差し指を何度も唇に当て，元指導主事の方を見ながらシーの合図を送る。）
〈元指導主事〉
　（課長の合図には気づかず，保護者席を見て二度うなずく。）
〈課長〉
　（保護者席に一瞬パッと視線を向ける）
〈保護者B　（聞き取り調査で証言した児童の保護者）〉
　○○ですけれども，うちの息子は，最初に，
〈元指導主事〉
　（課長の動きに気づき，課長に視線を向ける）
〈課長〉
　（再度右手でシーの合図をし，二度ほど頷きながら無音で何かを語りうなずく）
〈元指導主事〉
　（課長の合図にとくに反応することなく，保護者席に視線を戻す。）
〈保護者B〉
　6年生の男子児童の中で，山へ逃げようという男の子がいたらしいけれども，どうなの，っていうこと聞かれたって言っていますね。

〈元指導主事〉（★4）

　（えー，そんなこと言ってたっけ，おかしいなあ，とでもいうように目をつむり首をゆっくり傾げた後，保護者席に目を向け，軽く微笑みながらうんうんと何度かうなずく）

〈保護者B〉

　で，そのときにおそらく，メモを見ると，K先生とあとおそらく担任の○○先生が立ち会っている。調査をしたんじゃないかなと思うんですけれども。

〈元指導主事〉

　たしかに私がそのとき聞き取りをしました。はい。私が聞き取りはしましたということです。

〈保護者B〉

　そこで，山に逃げようという子供がいた話は出なかったんですか。

〈元指導主事〉（★5）

　（無言）

〈保護者B〉

　じゃ，うちのがうそを言っているということですね。

〈元指導主事〉

　そうは言って……

　後日の新聞報道によれば，口の前に人差し指を立てるしぐさについて，課長自身が「考え事をしているときの自分の癖ではないか。隠蔽の意図はない。」と説明している。しかし，普通に考えれば，誰かを見ながら指を何度も口に当てる動作は〈話すな〉というサインであり，考え事をするときの癖だという説明は，不自然さを超えて子どもや保護者への侮辱と取られても仕方のないところであろう。

　ともあれ，このサインが出たのは「すみません，話しているお子さんってだれというか。」との発言が飛び出した後であり，息子の証言を直接聞いている父親の発言と質問へとつながった。一度目の消えそうな声の「なかったです」，二度目の普通の声の「いなかったです」に続く3度目の回答では，もう何も答えていない。議事録には記載がないが，少なくともこの場面では，質問への返答がなかったことをたとえば（★5）のように記述する方が適切だったかもしれない。でなければ，その直後に父親が「じゃ，うちのがうそをいっているということですね。」と追及するときの「じゃ」という接続詞が出てくることはない。

　結局，山への避難を進言した児童がいたことについて聞き取り場面で話が

あったことは，最後まで元指導主事は認めていない。言葉では認めていないけれど，消え入りそうな声（声も体の動きの一部），人差し指のしぐさやチラッと保護者席に向けた眼差しなどが，すべてを語っていると保護者の誰もが思ったのではないだろうか。

遺族らでつくる「小さな命の意味を考える会」の冊子には，次のように書かれている（下線は西田による）。

> 助かった複数の児童が「山への避難を訴えていた子がいた」と市教委の聞き取り調査で証言しており，取材にも答えています。ところが，市教委の報告書からはそのことが削除されました。
> 第6回保護者説明会（2012年8月）でその点を問うと，応答していた市教委の指導主事に，上司が何度も口に手をあて「言うな」と指示をしていました。後日指摘されると「私は考えごとをするとき口に指をあてる」と答えました。
> 事故や問題が起こったとき，できるだけ穏便に収束を図るのが「慣例」なのであれば，今こそ変えるのです。ましてや，学校で失われた子どもや先生の命を，嘘や言い訳で語るべきではありません。市教委の先生方も本心では分かっているはずです。
> ボタンを掛け違えた場所は分かっています。それを認め，やり直すべきです。遅すぎることはありません。学校が「子どもを守り，輝かせる」場として信頼されるために，私たちは発信と対話を続けます。（小さな命2020：14）

▶ §4　一つの解釈　解決基盤としての「了解」，それを生む身体的関わり

最初の問いに戻ろう。本章の問いは，声や言葉のない身体的語りが，紛争・問題解決プロセスのなかでどのような働きをするのかであった。

【1】　体の動き一つで，すべてが了解されることがある

取り上げた事例では，議事録上は説明に参加していないはずの課長が，シーというしぐさで脇から積極的に参加していた。聞き取りで語った生存児童の証言の存在を否認しようとする元指導主事に向けて，それ以上言わないようにと懸命にサインを送る姿は保護者の目にしっかり捉えられていた。

そして，言葉による事実関係の認否とは関係のない次元で，保護者説明会に教育委員会の人たちが〈どんなつもり〉で臨んでいるのかもはっきり了解されてしまった。遺族の「嘘や言い訳で語るべきではありません。」という上記の言葉が端的に示しているように，「なかったです」という極端に小さい声や課

長のシーのサインなどの体の動きが，真実を明らかにすることよりも無難に早く終わらせることに躍起になっている姿勢をまるごと自己暴露することになった。つまり，こうしたことを，遺族らはみな「わかって」いるということである。

　もちろん，ここでの「わかる」は，説得や証明による理解よりもずっと深いところで行われるものである。話された言葉だけでなく，身体的情報をも含めて全体として一つの了解を生み出す。

　他方で，この了解は，証明はできないかもしれないが，その必要もないほどに明らかであることが一瞬で受け取られるものでもある。言葉にして言わなければ，口に出して認めさえしなければと，頑なまでに言葉の上の出来事としてうまくまとめようとしても，いや，むしろまとめようとするがゆえに出てしまう〈消えそうな声〉や〈シーのしぐさ〉で，すべてが一瞬に了解されてしまうということを示している。

【2】　もちろん，体も嘘をつくことがある

　たしかに，からだ（しぐさや表情，あるいは身体的構えや配置）は，声やことばの意味合いを決めるメタ・メッセージとして働く。もちろん，この事例は，ベイトソンが言うダブルバインド（二重拘束）状況とは少し異なるが，元指導主事らの語りが，それ以上語るなという制約のもとで行われていることは確かである。つまり，言葉で言っていることの真実味のレベルが，からだの動きで了解されてしまった例である。

　もちろん，いつも言葉が嘘をつき，からだが真実を暴露するとは限らず，からだだって十分嘘をつくし，そもそもからだとことば，その間にある声はそれほどきれいに役割分化しているわけでもない。

　現実の紛争解決や日常の葛藤場面では，あれかこれかではなく，「からだ＝声＝ことば」の三角形が相互に裏切ったり強化したりしながら，全体として一つの仕事をしていると見るべきであろう。

【3】　プロセスとしての了解

　問題解決という観点から見れば，いわば逃げ腰の姿勢を見透かす了解は明らかにマイナス要素である。不信感や信頼関係破壊といわれるように，話し合いの継続を阻む方向に働く。

　しかし，了解そのものは，決して関係破壊といったネガティブな方向にだけ働くわけではない。「市教委の先生方も本心では分かっているはずです。」との語りかけは，「嘘や言い訳」への非難を超えて，何かを演じ切りやり通そうと

するいきさつや心情も含めて私たちは「わかっています」という共感も含んでいる。最後の「私たちは発信と対話を続けます。」は、もう言葉の上の辻褄合わせゲームを止め，重たい鎧も脱ぎ去って，一緒に信頼できる学校をつくりませんかという呼びかけと受け止めるべきだろう。

　つまり，了解には否定や敵対的な芽もあるが，広い意味での承認や共感のベクトルにもつながると言う点で，問題解決に必要な基盤となっているといえる。そして，了解に重要な手がかりを与えてくれるものとして身体があるというのが本章での考察からの一つの仮説的結論である。

【4】　不安定で不完全な了解

　もっとも，この了解というコミュニケーション基盤は，常に未完成で不安定なものである。体の動きで一瞬に何かが悟られ，悟られたことを認めて次の了解につながるといったように，一方の了解を他方が了解しそれを体で示しながら了解し合う関係ができていくというのは一つの理想形だが，そうではなく勝手な思い込みとして無視されたり否定されたりする危険性を常に孕んでいる。

　実際，唇の前に人差し指を立てるしぐさが「しゃべるな」というふうに保護者に聞かれ了解されても，考え事をするときの癖だと強弁して〈悟られ〉を認めなければそこで了解を生む運動は止まってしまう。

　結局，山への避難を進言した6年生の行動は報告書から消え，その行動を伝えようとした生存児童の証言もなかったことになった。親たちの目の前で堂々となされたしぐさは，なりふり構わずとにかく不利なことを口にしなければ問題なしとするコトバゲームへの退避を示す象徴的な場面であった。

　上で見たように，元指導主事は，「子供たちの情報をもとにつくった中にその情報がなかった」「文章をまとめた時点で，その中にはなかった」「報告書になかったです」と繰り返し説明している。そのとき，メモや報告書に何かを書いた「私」は消去され，書かれた「紙」になかったと繰り返す事故後の説明方法は，事前の防災マニュアル作成過程における校長や教育委員会の方法と完全に一致している。すなわち，公園または空き地という文字を書けば，記載者は責任を果たしたことになり，書き手としての身体から離脱してしまう。誰が書いたかわからない，最初から当然のようにあったかのように紙と文字だけが残される。

　こうした身体からの離脱に根を持つ事後対応が，真相を知ろうとする保護者を深く傷つけていった。一連の事後対応から受けた苦痛は，事後的違法行為と

して裁判での請求に加えられたが，裁判所はそれを認めなかった。

　ちゃんとした話し合いはいつ，どこで開始されるのか。間違いを認めず別の間違いを起こすことで最初の間違いを無効化する「誤謬の訂正」が始まると，あとは意固地にストーリーの一貫性の保持に走ることになるのか。

　「ボタンの掛け違え」がどこで始まったかもわかっている，「それを認め，やり直すべき」だという親たちの対話への呼びかけは今も続いている。

【引用文献】

本章の発言記録は，石巻市への情報開示請求によって得た第6回説明会議事録（2012.8.26）に拠っている。

シーのしぐさの動画は，https://www.youtube.com/watch?v=yPLaH8nrAWg.　（2021年6月20日閲覧確認）

小さな命の意味を考える会（2020）『小さな命の意味を考える　第2集　宮城県石巻市立大川小学校から未来へ　第2版』

ベイトソン, G.（佐藤良明訳）（2000）『精神の生態学（改訂第2版）』新思索社

吉岡和弘（2017）「大川小学校児童津波被災国家賠償事件判決」消費者法ニュース110号122-124

▶§5＿　法社会学的考察の糸口

　本章では，身体的な語りへの注目と考察から，了解という出来事が問題解決の重要な基盤になるのではないかという仮説を提示した。そして，了解のために，身体的な接触を含めた〈対面・対話〉の必要性を強調した。

　もちろん，直接の対話だけが解決の条件になるわけではない。大川小学校津波訴訟では，避難マニュアルの不備をはじめとする学校・教育委員会の組織的過失が認められ原告遺族の勝訴が確定した。この判決を得たことの意義は非常に大きい。しかしそれでも，すべての問題が解決されたわけではないことは，判決はゴールではなくスタートだという遺族の声からも窺える。「私たちは発信と対話を続けます」という言葉には，勝訴だけでは終わらない，対面と対話によってしか見つけられない重要な解決の糸口があることを示しているように思う。

　では，対面や対話を通してどのように解決が見つけられるのか，そのための

仕組みや手続とはどんなものかが次の問いとなる。

　いうまでもなく，そのとき連想されるもの一つがADR（Alternative Dispute Resolution），すなわち裁判以外の紛争処理であろう。一般には，合意形成型のメディエーション（Mediation）や仲裁（Arbitration）など第三者が関与して解決をめざす手続のことをさすが，欧米のテキストや科目（ADRまたはDR）では，第三者なしの当事者間交渉（Negotiation）も含むことがあるという。

　さて，この分野の研究や実践は豊富にあるが，和田仁孝・中村芳彦・久保秀雄・山田恵子『ADR／メディエーションの理論と臨床技法』（北大路書房，2020）が確かな道案内になる。といっても決して入門書というわけではなく，ADRの諸タイプの理論的・思想的背景からスキル学習，さらにはロールプレイ課題まで，深くて多面的な内容が1冊に詰まっている。第3章の山田恵子「メディエーションの理論と特質」は，日本型調停とは異なるメディエーションの方法やタイプの紹介とともに，技法を超えたメディエーション独自の価値や意義を説く。第4章の久保秀雄「メディエーションの技法の理論」では，社会学者パーソンズの理論（とくに4つの機能モデル）から，メディエーションの理論や技法の意義を読み解く試みが展開される。最終章では，日本におけるADRの利用促進に向けた実践的提言（たとえば，利用しに来るのを「待つ」ADRから，病院・学校・職場などの生活現場に「入り込む」ADRなど）も示されていて，紛争処理制度と社会との関連を考える上で示唆に富む。

　和田仁孝・中西淑美『医療メディエーション─コンフリクト・マネジメントへのナラティヴ・アプローチ』（シーニュ，2011）は，医療場面に焦点を合わせているが，他の場面・文脈にも通じるメディエーションの基礎理論とスキルの習得ができる。

　発展学習のためには，たとえば中村芳彦「臨床的ADR論──個別的なるもの」西田英一・山本顯治『振舞いとしての法──知と臨床の法社会学』（法律文化社，2016），仁木恒夫「対話調停における共約不可能性」和田仁孝・樫村志郎・阿部昌樹・船越資晶編『法の観察──法と社会の批判的再構築に向けて』（法律文化社，2014）等が，人と人の関わり過程としてのADRの意義を考えさせてくれる。

第3章__ 子どもたちを呼び戻す弁護士の声

▶§1__ 注目voice 「あなたの体重と身長は？」

　大川小津波訴訟の証人尋問の場で，元校長に対して原告側弁護士から次のような質問がなされた。「あなたの当時の体重と身長をお聞かせください。」いきなりの質問で驚いたと思うが，元校長は聞き返すこともなく，「70の156です」と答えた。つまり，当時の身長・体重は，156cm，70kgだったと。

　もちろん，なんの脈絡もなく唐突に体格情報を聞かれたわけではない。その直前まで，元校長が過去に裏山に登って撮影した写真などが証拠として示され，裏山に登る小道が簡単に登れるものかどうかに関する質問がなされていた。身長と体重を答えた後，今度は同じ裏山を3年生の子どもたちが登った写真が示され，さらに質問が続けられる。

▶§2__ 問い 体格を問う質問の意味と効果は？

　この章では，大川小津波訴訟で行われた元校長に対する証人尋問の一場面を取り上げ，裁判でどのようなことが行われ何が達成されているのか，その一端に触れてみたい。

　上記の証人尋問は，裁判が始まって2年後の2016年4月に行われたものである。裁判の法解釈上の焦点は，まず教師たちは津波の襲来を予見できたかという点（予見可能性）。もう一つは，予見できた場合，子どもたちを安全に避難させることができたか（結果回避可能性）の2点である。

　これらを証明できたとき被告の過失が明らかになるが，被告石巻市と宮城県はどちらも否定している。元校長に対する尋問も，この2点を軸に行われ，元校長は，津波が来るとは思っていなかった，裏山に登る道は子どもたちには危険であり安全な避難経路ではなかったと繰り返し述べる。

　原告側弁護士は，それらの証言の根拠を一つひとつ突き崩していく。という

ことで,本章での小さな問いは,①なぜこの場面で「体格情報を聞く必要があったのか」,それともう一つは,②この身体測定的な質問と答えが,遺族・弁護士・裁判官・傍聴人らのいる法廷に「何をもたらしたのか」である。

▶§3＿ 一つの解釈　〈証明〉ではなく光景〈再現〉へ

【1】 法的な立証に必要

　まず一つ目の問いの答えは,端的に法的な立証に必要だったというものである。ポンプ小屋の裏の竹やぶのあるこの小道を,じつは子どもたちはそれ以前に登っていた。もちろん,勝手に登ったのではなく,しいたけ栽培実習など授業で登っていて,校長も登ることを許可している。このことは元校長も尋問で認めた。さらに,カメラが趣味の元校長が撮った写真を何枚か示し,校長自身も同じ竹やぶから登ったことを認めた。

　つまり,裏山に登るこの小道は,子どもたちも校長も登った実績のある道だった。それでも,元校長は,子どもが登れる小道であることを認めようとしなかった。

> 原告代理人　「あなたが写真を撮った場所は,児童も登れる場所であることはお認めになりますよね。」
> 元校長　　　「とても危ないかなとは思います。」

　そこで繰り出されたのが,冒頭の注目voiceの質問である。

> 原告代理人　「あなたの当時の体重と身長をお聞かせください。」
> 元校長　　　「70の156です。」

　過去に子どもたちが登った実績から,子どもたちが登ることができた道であることはほぼ証明されているように思われる。しかし,元校長は危険だと証言する。もし危険だとしたら,なぜ登ることを認めたのか。安全だったから登ることを許可したのではないか。そういう質問でも良かったのかもしれない。

　しかしここでは,156cmで70Kgの人が重い望遠レンズ付きのカメラをもちながらでも登ることができる小道であったのだから,身軽な子どもたちならなおさら楽に登れたはずだというだめ押しだったのではないか。という解釈から,この日の尋問を傍聴席から見ていたジャーナリストのリチャード・パリー氏は,

「70の156です」証言に続く場面を次のように描出している。

> 「法廷の室内でいっときが過ぎ，この情報が，証言台に立つ背の低いずんぐりした体型の男性の視覚イメージと重なっていった。『あなたより』と弁護士は言った。『子供たちの方がずっと簡単に登ることができるのでは？』」（バリー：251）。

【2】 「70の156です」証言の効果

こうして原告側弁護士は，予見可能性と結果回避可能性という法的論点について，証拠となる文書や写真を示しながら元校長の証言を崩していく。

他方で，この「70の156です」の一言は，法的立証の次元とは別に，法廷にまったく別の効果ももたらしたようにも思う。

すなわち，そのとき法廷にいる人たちの目にも，バリー氏のように，「70の156」という数値〈データ〉と，そう答えた男性の〈姿〉が重なっていったとしたら，その次に彼らが法廷の壁のスクリーンに見たのは，3・11のあの日，校庭に整列した後，この道を懸命に登っていく子どもたちの姿だったのではないか。竹やぶにつかまりながら慎重に登る70の156のからだを次々追い越し登っていく74人の子どもたちが映し出されたのではないだろうか。

2011年3月11日，学校にいて津波でなくなった子どもは大川小学校以外にはほとんどない。同じ北上川周辺で，もっと河口に立地し地震からもっと短時間で津波が襲ったどの学校も，高台に避難して助かっている。この「70の156」の証言と目の前にいる元校長の体つきから生み出される，必死に逃げる子供たちの光景こそ，親たちが期待し，また悔やんだものであったように思う。他方，裁判官にとっても，次々登っていく子どもの光景ぬきに判決を書くことはできなかったのではないかとも推測する。以上が，問いの②に対する一つの仮説的解釈である。

もちろんこれは，バリー氏の描写を元にした一つの仮説的解釈にすぎない。しかし，こうして法廷における具体的なやりとりを語りとして読んでいくことで，裁判のプロセスには，法律論的な主張・立証だけでなく，身体感覚で一瞬に了解させる次元も同時進行しているということが想像されるのである。

▶§4__ 法社会学的考察の糸口

本章で取り上げたのは一つの裁判の一つの尋問シーンにすぎないが，裁判がどんなプロセスで何を達成しているのかは，いうまでもなく重要な法社会学的テーマである。その分，文献もたくさんあるが，当事者の視点に立った裁判の意味研究としては以下のものをあげることができる。

まず，和田仁孝『過程としての裁判と法専門家（法臨床学への転回 第3巻）』（北大路書房，2021）は，いろんな側面から裁判過程の法社会学的分析を展開するとともに，新たな裁判モデルについて示唆に富む提案を行っている。

次に，息子を失った母親自身が行った証人尋問も含め，途中から弁護士なしで医療過誤訴訟を一人で闘った佐々木孝子氏の手記『悲しき勝訴 ― 医療ミスに挑んだ母の執念』（医療過誤を考える会，2000）は，法の素人当事者からみた裁判の意義と問題点について考えるときの参考になる。ただこの本は入手の困難が予想されるため，この事例を人類学的な視点から分析した和田仁孝『法の権力とナラティヴ』（北大路書房，2020）第10章「法廷における法言説と日常的言説の交錯」を参照されたい。この和田の研究に大きな刺激を受けて書かれた西田英一『声の法社会学』（北大路書房，2019）第6章「身構えとしての声」も参照。

本章で引用した，イギリス人ジャーナリストのルポ，リチャード・ロイド・パリー（濱野大道訳）『津波の霊たち ―― 3・11 死と生の物語』（早川書房，2018）は，とても刺激的で不思議な本である。ここには，大川小学校の事故をはじめ東日本大震災で何が起こったのかについて，地道な取材をもとに書かれている。本章で引用した尋問場面の記述もそうだが，問題の本質に迫ろうとする鋭い視点と同時に，全編に見られる小説のような記述や構成という点でも，異色で出色の一冊である。

共同体のなかの語り

喫煙をめぐる職場秩序

第Ⅰ部では，多くの尊い命が奪われた重大事故を取り上げ，その背後にある問題について検討した。これほどドラスティックではないが，日常の生活場面にも無数の声や視線の交錯・衝突があり，それによって生活秩序の再強化や変更が行われている。

第Ⅱ部では，そんな日常生活の場である職場に焦点を当て，そこで喫煙をめぐってどんなやりとりがなされ，共同体の中でどんな秩序化の動きが起こっているのかを具体的事例に沿って検討してみたい。

紹介する4つの事例は，いずれも1998~99年に行ったインタビュー調査から得たものである。それから20年後，改正健康増進法（2020年4月全面施行）によって，受動喫煙防止はもはや「マナーからルール」へとステージが移ったともいわれている。法改正後の現在から見ると，本書の事例で紹介される喫煙秩序形成の動きはもはや不要のものに見えるかもしれない。

しかしながら，そもそも立法によってなんらかの秩序が完成するわけではない。原則屋内禁煙には例外もあり，また指定喫煙場所以外での禁煙が事実上実現されていないところももちろんある。さらに，たとえば「望まない受動喫煙」とは何か等々，新たな問題化の動きにも常に開かれている。つまり，秩序化は，法律を含むルール化によってだけでなく，そのルールの解釈や利用をも含めたローカルなやりとりプロセスとともに常に続いているということではないだろうか。

第Ⅱ部では，こうした視点から，職場という共同体の中で，法や権利の言葉を含めて人びとが何をどのように語ろうとするのか，逆に語れずにいるのか等に着目しながら，職場における秩序化のプロセスについて検討してみたい。

第**4**章__ 共同体に生きる声

▶§1__ 語りを聞く

　第Ⅱ部で取り上げる最初の事例は，職場の分煙ルールがなかなか守られない状況に苦慮している女性（Y氏）の例である。このケースは，ある意味で日本の伝統的な職場風土を映し出していると思われる事例であり，職場という共同体の原風景のようなものを映し出す。本章では，次章以降の事例を分析するときの出発点となる問題点の抽出に主眼を置いて検討していきたい。

　まずはインタビュー記録をそのままの形で見ていただこう。文中には，後の検討のためにいくつか下線が引いてあるが，いったんそれらを無視して，読者それぞれにとっての注目発言に適宜線を引くようなつもりで一気に読んでみてもらいたい。

──（筆者：以下同様）さっそくですが，御社の喫煙状況について教えてください。

　（Y氏：以下同様）まず，正面玄関入られたときに，空気悪くなかったですか？

──ええと，ちょっと感じました。

　臭かったですね。あそこが喫煙場所です。それとここの部屋のリフレッシュルームとセンター外。こういうところ，昔で言うホタル族という感じで，外で吸うところが今現状の喫煙場所なんですね。振り返ってみると10年くらい前です。その時に分煙と言うんですか？　そういう話が世間でも出てきた頃だと思うんですけども，私どものここでいう一番トップでいいますと部長になるんですが，その部長が「禁煙タイムを作ろう」と提案してくださったんですね。それまでは女性は，少なくとも過去にここで働いてきた女性はたばこを吸わない女性ばっかりでしたので，「臭い臭い」と言いながらもなかなか声に出して言えなかったようです。席は，机がビシーッと並んでテーブルがあるものですから，まさに灰皿をテーブルの上において男性が吸われると，エアコンの風向きによっては目の前に煙が見えてくるほど臭い状況だったんですけども，なかなか声に出せなかったと。そういう時に10年ほど前の私どもの部長が，全面禁煙になるとたぶん喫煙者からもブーイングがくるだろうということで，時間帯の禁煙をやろうかという声をかけて頂いたんですね。それに女性がのっかって，その時間

帯は当初は10時から12時，それから3時から5時だったと思います。この間は禁煙ですと。完全禁煙ですね。その時の活動で女性たちが，なかなか意識，そういう制度はあっても普段何気なく男の人はたばこ吸われてるから無意識に手が灰皿にいってたばこに火が付くという形になってるんで，意識してもらうためにこういう衝立てみたいなものに禁煙マークの絵を作って，駐車禁止のマークのような。ああいうものに大きくマークを作って，至る所に，とくによく吸う人の前に目に付くようなところに置いて，それを意識づけやったんです。

──単に禁煙タイムを設定するだけじゃなくて，机々で日々思い出すようにそれを作られたと。

そうです。こういう打ち合わせテーブルもすべて，そういうものを置いて意識づけをやったんですけどもなかなか浸透せず，「臭い臭い」と。そういう制度はあるんだけどもなかなか声に出して言えなくて，私なんかは結構言う方でしたから，「これ守ってよ」と言って徐々にそれが浸透しつつあったんです。

──守れないというのは，禁煙タイム自体が守れない？

守れない。無視する。そんなにひどい人はここにはいらっしゃらないので，言ったらわかってくれる。「あぁ，そやそや，ごめんごめん」。だからなにがなんでも僕は喫煙するっていう人はいなかったんです。ただ忘れちゃうと。その意識づけをどのようにするかというのが当初の課題だったんですけども，それこそ時間と共に慣れてきたという言葉が多分正しいと思います。

──新しい習慣が身に付く，それが自然な状態になるにはどれくらいかかりましたか？

たぶん3年くらいはかかったと思います。それが10年前の第1回の活動ですね。それから今から遡って5年くらい前に，また違う部長がおみえになって，その部長がたばこがとても嫌いだったんです。それで「臭い。こんな時間設けるから余計にルーズになる。全面禁煙だ」と。執務時間中，朝の8時半から5時まで。前後は早く出てきたり残業するのはもちろんあるんですけども，執務時間中は全面禁煙だと。但し会議室は除く，だったんです。会議はやっぱり男性の方，いらいらされるみたいですから。その代わりにたばこを吸うところを作りましょうということで，玄関入ったところ，ああいうところは私はひんしゅくを買うような場所だと思うんですけれども，センスがないと思うんですけれども，玄関のところとここを改造してたばこの部屋を設けたんです。ここの名前がリフレッシュルームなんです。リフレッシュルームが設けられて，要は吸うところは，玄関のソファーを置いてるところとここと，それから依然外と。その3か所に喫煙者を追い込んだというか，閉じ込めたというのが多分正しいんだと思います。閉じ込めて，多分1年くらいはそのままで走ったんだと思います。そこから更に，「わしはたばこが嫌いや。会議室も全面禁煙や」と。それが多分3，4年前だと思いますが，今現在に至ってます。だから振り返ってみると，ここの部署に立つトップの考え方で，こういうものは十分定着するにしろポシャっちゃうにしろ変わっ

てくるもんだなと。やっぱりサラリーマンだなと思います。

——10年前からYさんはここに？
　はい，私は勤続18年になります。ずっとここに。中でローテーションはありました けれどもフロアーはここです。

——おおよその人間の配置は，男性・女性，何人ぐらいですか？
　女性は4人です。男性は，えーとだいたい，27名くらい，女性を含みますから，23 名くらいですね。ちょっと数字抜けてるかもしれないですけど，だいたい。

——女性の数はこの10年くらい，だいたい4，5人のサイズで？
　当初ピークは12，3人いました。

——では，声に出せなかった10年前にはもう少し女性がたくさんいらっしゃった？
　そうですね。10人以上はいましたね。

——個人的にあまり相手の機嫌を損ねない程度に，「ちゃんとやってよ」とか。禁煙タイム決める 前はどうだったんですか？　それも個人的に困るという話をされた？
　女性の中では臭いねと。ましておなかの大きいかたもその当時，いたりしますよね。 だからハンカチで押さえるような振りをして，感づいてくれないかなと。極めて消極 的な態度，行動だったと思いますけど。気づきを待つ。そして下敷きであおぐ。

——それは結局，個人的な問題ですか？　自分のデスク回り，スペース全体もそうかもしれませ んが，例えば自分が仕事をしてる机のシマの前後にヘビースモーカーがいれば，そのAさんなら Aさんという人に対するお願いというか，理解してもらうという問題ですか，それとも職場として， 当初から個人個人の問題ではなくて，職場としてルール決めするならするとか？
　職場としてですね。個人はなかったですね。個人はそういう形でこちらのアプロー チでわかって頂くという感じだったんですけどもなかなか声に出せないというのが， 昔は大きかったんだと思います。

——女性の方たちで，女性部会というか，フォーマルな組織みたいなのがあるわけですか？　そ れともうちうちとして，たばこならたばこについて「あの人全然なおらないね」とかそんな風に？
　それはうちうちの，よくいう女性の井戸端ですね。声はずっと上がってたんですけ ども，なかなか。

——それは，吸ってる人に直接は言わないけれども，例えば上司もしくは事業所長，部長さんで すか，に「これたばこ問題，一回話し合いしてよ」とかそういうことは？
　それもやってないですね。

——たまたま10年前の部長さんが来られたときに，こちらの提案と関係なく？

　はい，関係なく。ご本人もたばこを吸われる部長だったんですよ。それでも時間を決めてルールを守ろうと。それで，「たばこ臭くないか」と聞かれたんです。「臭いです。もちろん臭いです。もう止めて欲しいです。」そういうふうに部長から声をかけてもらって初めてそういう活動の芽がでてきたというか，きっかけになったというか。それから，先程いいました禁煙マークですね。女性たちがグループで活動をやったと。それがじわじわと浸透してきたという感じですね。それで部長の代がどんどん変わるごとに極めつけの3，4年前の部長が，たばこは一切吸ってない方，なおかつアレルギー性鼻炎だったものですから，会議室も一切嫌と。でもたばこを吸う人にも権利があるんでしょうけどもね。

——部長さんから提案というのは，風景としてどんな感じだったんですか？　例えば全体会議とか，そういうときの議題のひとつとして提案されたんですか，それともインフォーマルな形で，なにか集まったときに「たばこについてなんだけど」という感じで始まったような話し合いの仕方ですか？

　そうですね。すごく簡単というか，「たばこくさくないか」という，それこそ部長と女性の井戸端程度のところから発端はありまして。

——では，最初は社員の方みんなの話じゃなくて，女性の方にどう思っているかを聞いてこられたという感じですか？

　そうですね。吸う方に，喫煙者にとっては一方的だったと思います。一方的に吸ってはいけないという時間を与えられてしまったと。

——当時，喫煙者からリアクションはなにかありましたか？

　多分大きな反発はなかったですね。ここの部署は紳士が多かったのかもしれません。ただ，私もそうなんですけれども，仕事を一生懸命していたら時間が今何時かというのが分かりませんよね。悪気なく時間を過ぎてしまっていてたばこを吸うと。時間過ぎてるから違反してやろうという人は多分いなかったと思います。

——そうすると，話し合いするまでもなく，気持ちとしてはもう理解されてると。それは部長さんが最初に提案されたときに了解はすぐ得られたと。

　ええそうだと思います。

——部長さんからの「時間分煙するよ」ということは書面等で何かアナウンスされたんですか？

　いえ，そういうものもなくて，たぶん管理職が集まる場がありますから，管理職の中で部長が話をしたんだと思います。それは私たちには聞こえてこないんでわからないですけども。

——そうすると，表立って話し合いとして，「いや，たばこを吸う自由も欲しい」というのが議論の中で出てきたというのは

　全然ないですね。

——まぁ，個々にはうちうちに「なんでこんなことされなきゃいけないんだ」と思ってる人はいるかもしれないけれど，一応，表向きな話としては議論をぶつけ合うということはなく？

　はい。ですから一方的ですね。一方的にある部屋に押し込んだいう感じで，そこからもがいてるかも知れないですけれども，出てこないと。ずっと今現在きてるんですが，ただ完全に8時半から5時まで禁煙ができてるかというと，やっぱりそうじゃないですね。その期間にスタッフはごろごろ異動がありまして変わってきますね，だから今現在は8割ぐらいといったほうが正しいのかもしれません。管理職であってもスタッフであってもたばこをくわえながら歩いてくる人もいますね。たばこを持って仕事をしている人もいますし，それに対して女性が「もうやめてよ」というのは言ってないですよね。

——それは，どうして……？

　少なくとも私のところのフロアーではないです。女性にもいろいろありまして。5時になると一斉にたばこを吸い始めるんです。皆さん急に。5時のキンコンカンが聞こえなくても，臭くなって「あ，5時だ」と時間が分かるくらいに，一斉にみんな私のまわりは吸い始めるんですけど。とくに私だと「時間まだよ」と私は声に出して言います。だから全部女性が十人十色でそれぞれ違うんですよね。

——そういう風に言ったときは？

　「あぁ，そやそや，ごめんごめん，まだ5分早かったな」と消します。

——それでコミュニケーションや人間関係がぎくしゃくするということは？

　それはないですね。普段のコミュニケーションが大切なんでしょうね。言いたい事が声に出せる職場というのは有り難いんでしょうね。

——それはそういう職場がもともとあるというのもあるかも知れないし，職場のカルチャーと言うか文化的な雰囲気と関係なく，やっぱりどこに行っても関係なく私は言うだろうという人もいるだろうし，言い方はまぁ左右するにしても。

　はい。私は言える雰囲気だから今言ってるという部分が大きいと思います。

——そうすると言えない人がいるとすると，それはその人の性格と言うよりその場の雰囲気と？

　場の雰囲気が大きいんでしょう。

——「もうちょっと我慢して」とか「ちょっと早いんじゃないの」と言うのがためらわれるのはどうして？

　素直に聞いてくれなくて屁理屈を言い並べる人がいると，多分声に出せないと思います。女性の仕事をしてる役割ですね。私は一匹狼なんですよ。だから仕事が男性と対等なんです。そうじゃない補助業務とか男性に教えてもらわなければならない立場，はっきり言って弱い立場ですね，男性と女性で仕事に段がついているところでは声が出しにくいのかも知れません。それと年齢的にも若い女性。私なんかはもう37歳で勤続18年くらいになりますと，仕事の中身は別として年齢的にもいってますから言いやすいっていう部分も大きいかもわかりませんね。

——もしあえて，だんだんだらしなくなってきてるからなんとかしてほしいと思ってる人がいるとしたら，もし言った場合，どうなるんですかね，実際？　例えばほされるとか，うるさい奴だとか生意気だとか，そういうネガティブな反応がくると予想して

　予想して言えないんです。私がもし他部署に行って，年はいってるけどもペーペーとしますね。勤続1日目と。そういう時に，そういうルールがあるのにみんなが守ってないと言ったら，声に出せないですね。そういう制度があるのに守ってないスタッフに対しては言えないですね。言えない理由はなぜだと言われると，やっぱり生意気だと思われたくない，まだ新人なのに，これからみんなに仕事を教えてもらわないといけない立場なのに反感を買いたくないという気持ちで，多分言わないと思います。

——でも人によっては，本当に喘息で喫煙できつくなったり，妊娠中で子供のことがすごく心配になったりしたときに，そんなこといってられないと，どう思われるとかそんなことじゃなくてかなり限界にきているという場合もあると思うんですけど。

　まず上司に相談すると思います。スタッフ個人で言っても埒があきませんし，上司がどう考えてるかで自分がそのポジションにいられるかいられないかが，切羽詰まってたら判断できると思うので。

——実際そんな風にしている方のことを，ここ，もしくは周りのセクションでお聞きになったことありますか？

　いえ，まったくないですね，そういうのは。ただ止めてほしい，煙が嫌だから止めてほしいという次元の話ばっかりですね。

——たとえば，「これは権利なんだから止めてもらいたい」という語り方がされることはないんですか？

　ないですね。ただ私は，決まってるんだから，時間より早く吸っちゃうと，「時間来てないのにすごい臭いね」と言います。さきほど申しましたように言える職場だから。言える雰囲気でそれを言ったからって仕事をする上でぎくしゃくするわけでもなく，言いやすい職場風土というか。それはこのフロアーには二つ，向こう側とこっち

側とありますけども，私のごく限られたグループ内での話ですけども。

──逆に言うと，自分で貯金をして人間関係がぎくしゃくしないなかで，仕事もそうだし仕事周りのコミュニケーションもそうだし，ある程度の，こっち側からいうと自信みたいなもの，あるいはもっと両方みれば，本当に根っこの信頼関係みたいなものがあれば言いやすいと。それができるまでは，あるいはない間はやっぱり，「ルールで決まってる」と言えば理屈の上では絶対負けるはずがないと確信できてもやっぱり言わないほうが多い？

　ええ，ひとりだと。そういう女性たちが同じように思ってて，グループ活動という言葉があると思いますが，十人寄ればという言葉がありますけれども，立ち上がることができればたぶんやると思います。意識づけの活動をやり始めると思います。

──そういう場合には，どこに話を持って行くことになるんでしょう？

　トップですね。ここでいう部長です。そこに相談にあがると。例えば私が一日目の新米社員で他に先輩の女性がいて，そういう話の場が持てたときに進める方法としては，トップダウンが一番早いですから。

──ただ，上司がどんな上司かというのはありますよね。女性が集まって部長に直接言うルートとは別に，組合を通じてということはこれまでなかったでしょうか？

　もう全然ないです。女性が声を上げて組合に訴えるということは多分なかったと思います。過去。

──それはなぜ？　必要がなかったから？　上司なりに話をしてそれなりに進展しているということですか？

　はい。そこまでこじれると反対にいられないというのがあるかも知れません。話を大きくしてしまうと。

──というと，大きくするほうが難しくなると？

　居づらくなるのじゃないかというのがあるのではないかと思います。浮いてしまうというか。私なんかは主人も同じ部署なんですよ。だから余計にそう思うのかも知れません。たぶん旦那の方は「お前のとこの嫁さんがこんなことを組合に言ってるらしいな」と言われると思うんですね。それを考えるとやっぱり強い行動に出れないというか。

──なかなか勇気がいることですか？

　勇気がいりますね。上司を飛び越えて組合になるわけですから。まずは上司のところですね。

──幸運にも上司の人も理解があって。もしかりに「まあ一応考えてはおくけれど」と言って何

もはっきりした行動を起こさないようなことが続いた場合には組合に話すことを考えると？

　いや，組合までは言わないですね。

——そうすると，個々の職場でたばこの問題で困っていても，そのことが組合のほうから問題として提起されることはなかったということですか？

　そうですね。従業員の中で組合と交渉する人が代議員とかいう形で数人いるんですけれども，そういう職場のどうとかがというのはあまり議題にならなくて，むしろ賃金とか福祉関係，福利厚生。職場環境という部分で，そう言えば昔，アンケートがあったんですが，お風呂場とか衛生問題で。喫煙では取り上げていただいたことはないというふうに私は思います。

——そうすると，喫煙に関して全社的な方針について議論とかいうのは？

　なかったです。だからそれぞれ個々の部の話であって他の部署ではこういう喫煙タイムとか全然なくて完全に喫煙自由とか，ばらばらです。

——そこで困ってる人たちはどうしてるんですかね？

　泣き寝入りでしょうね，多分。声を上げないということは。

——たとえば横の繋がりで，他の部署と連絡を取り合うことはあるんですか？

　ネットワークはないですね。

——それぞれ別の会社みたいな雰囲気で。

　そうです，そうです。私の仕事がとくにそうだからかも知れません。女性が4人いる中で1人庶務の仕事をしている女性がいますが，この女性は入ってすぐの左側の大きな建物に本事務所というところに経理とか労働とか管理部門があるんですが，そういうところに行ったり来たりして書類を受け渡したりしている役割がいるんですけども，そういう人は他部署の女性と接する機会が多いと思います。私はどちらかというと専門なのでこの部署から出ることはあまりなくて東京本社とか大阪本社とか，業務の繋がりの人しか話すことがないんですよ。だから井の中の蛙かもしれません……。

——もし，部長が変わってある意味で逆行するような提案がされたり，あるいはYさん自身が転勤してたばこ吸い放題の部署に行ったりとかしたら，どうされますか？

　多分，声を出すほうなんですよ，性格的に。すぐに上司に言います。「私の元の部署はこういう分煙がありました。喫煙コーナーもあったし，時間制約というやり方もありました。ここではそういう活動，方向には進めていただけないんですか」という話を，私は上司に言います。

——それは直に言いますか，それとも職場にいる誰かに様子を聞いてから？

ええ，女性に。女性で囲みます。一人ではできない。声には出せるけれども一人で
は寂しくて。

──そうやって一応モニターして，誰かと一緒に「我々何人かの意見としてこういう風に考えて
いるんだけど」というふうに持ってくと。それは要求的なものですかね，それともお願いという
イメージなんですか？
　頭を下げてお願いすると。権利という形では私はよう主張しないです。

──どうしてそれは避けたいのですか？
　なんでしょうね。それがなかなか適切な言葉が浮かばないですけど・・・。

──例えば，議論として権利として主張すると，論理というか理屈の上で話が面倒くさくなると
いうのがあるのか，もっと広げて生身の人間同士で動いている職場である以上は権利のレベルだ
けじゃなくて日常の人間関係……
　その二つで言うならば，人間関係の普段のコミュニケーションを大切にしたいとい
うところのほうが大きいと思います。杓子定規で生活できるような部分というのは決
してたくさんあるとは私は思ってないんです。「こうだからこう」というものは絶対
ないので，アバウトな部分というのは生きて行く上では十分必要だと思うので，コミュ
ニケーションを大切にしたいというのが。

──そうすると，理屈ですっきりさせるというより，できるだけそうでない部分で了解してもら
えるならばそのほうを選びたい？
　はい，それでギクシャクするのであれば，仕事自身がもうおもしろくなくなるし，
楽しくなくなるから，そういうところでは働きたくない，となると思います。

──でも，それでも状況が変わらないときには，「やっぱりこれは働く者にとって，快適なあるい
は安全な場所で仕事をするのは労働者の当然の権利だと思う」と言うことはありますか。
　（無言：考え中）

──あくまでお願いという形で通そうと？
　はい。

──権利主張することがなぜ人間関係を壊す危険性があるのか。権利は権利として主張し，それ
から日常のコミュニケーションとか仕事は仕事の話と線引きをするとか……それは無理ですか？
　無理です。私はようしないです。いい格好してるのかもしれませんね。よく思われ
たいという部分があるのかもしれません。

──最後に一つだけ。自分が働いている職場で嫌煙権運動をしている人がいますが，例えばＹさ

んからご覧になって，職場において嫌煙権に関する活動をするということはYさん自身のこの仕事世界の中でどんな意味をもつと思いますか。

　難しいですね。私は卑怯かも知れませんが，権利でそういう制度があったらいいなというのは思いますが，誰かがそれをして下さって自分がその上に，いい環境の所で生活できるというのが本音ですね。自分からは権利でそう行動は起こさない。

──それは時間的に余裕がないと言うことですか？
　いえ，勇気がない。

──勇気？
　だからさきほど言いましたように，嫌われたくない，コミュニケーションを大事にしたい。それを潰してまで私は煙が嫌かといったら嫌じゃないから。自分は吸わないですよ，でも「コミュニケーションと煙のどちらをとるの」と究極の選択をされたらわたしはやっぱり自分のまわりに煙はあったとしてもコミュニケーションを大事にして仕事をしたいから，そういう所を侵してまで活動する勇気はない。だけども実際そういう行動をなさってる方は反対に立派だとエールを送りたい。
　部長がこういう話で禁煙しましょうかと言って下さって，私たちが声を出せるのも，多分そうやって大々的にやって下さる方がいるからこそ，部長も今の世の中の流れということで言葉を出して下さった部分があると思うので，やっぱりそういう人の活動なしでは進んで行かないことだと私は思います。

▶§2__　注目voiceとその含意　　「卑怯かもしれませんが……」

　以上が，Y氏による職場での分煙実現への働きかけの経過である。分煙化に関する出来事の経過を一応要約すると，10年前の上司（部長，事業場長）によって時間分煙が始まったがなかなか定着しなかった。次の部長が来て，執務室は全面禁煙という空間分煙に制度変更になった。他方で，会議室やリフレッシュルームが喫煙場所として指定された。しかしその後，煙が嫌いだという部長の一声で会議室も禁煙になり，喫煙者はリフレッシュルームと屋外に追いやられる格好になった。もっとも，Y氏は入り口近くにあるリフレッシュルームはセンスがないと，満足はしていない。
　さて，ここでの問題関心は分煙政策そのものではなく，たばこをめぐってどんなやりとりがなされているかである。この関心からみて注目されるのは，管理者の鶴の一声と，従業員の遠慮や我慢の様子である。

【1】 事業場長「わしはたばこが嫌いや。会議室も全面禁煙や」

　5年前の空間分煙化の後，この事業所のトップである部長から，「わしはたばこが嫌いや。会議室も全面禁煙や」との声がかかり，デスクで仕事しながら喫煙できる唯一の場所だった会議室の禁煙が決定した。喫煙者から見れば，いきなり締め出されたわけだが，表立った抗議の様子はない。

　「トップの考え方で，こういうものは十分定着するにしろポシャっちゃうにしろ変わってくるもんだなと。やっぱりサラリーマンだなと思います。」とY氏が語っているように，良くも悪くも上司次第という現実が示されている。

　当然，上司の理解や判断がY氏らの希望に沿わない場合があるが，そのときはどうするのか。Y氏は，一人では言いにくいが，数人で集まって“私たち”の意見として直接上司のところに行くという。他方で，喫煙者に対しては，Y氏自身は勤続年数も長く人間関係もできていてある程度物言いはするものの，多くの従業員は「言いたくてもいえない」「泣き寝入り」となってしまう。

【2】 「頭を下げてお願いする。権利という形では私はよう主張しないです。」

　さらに，声に出して言う方というY氏も，自分が上司に物言いをするときは主張要求というノリではなく，あくまでも「頭を下げてお願いする。権利という形では私はよう主張しないです。」という。その理由を，「嫌われたくない，コミュニケーションを大事にしたい」「自分のまわりに煙はあったとしてもコミュニケーションを大事にして仕事をしたいから，そういう所を侵してまで活動する勇気はない。」という。

　職場を一つの共同体と見て，その和をこわさずにいることは，直接に上司や同僚から強制されているというよりも，自分自身にとっての利益だからと考える。利益を裏返していえば，要求として理屈で通そうとして「ギクシャクするのであれば，仕事自身がもうおもしろくなくなるし，楽しくなくなるから，そういうところでは働きたくない，となると思います。」とも述べる。そこまでして何かを行うにはリスクもあり，「嫌われたくない」ということばは，感覚的だけに基本的な考え方の率直な表明に思える。

　Y氏のインタビュー全体を通して見ていくと，伝統的な“共同体的主体”，すなわち共同体に埋め込まれ，そこでの利益と不利益を計算しつつ共同体を生きる主体のあり方が示されているように思われる。そして，この主体イメージは，半世紀以上前に川島武宜が描いた前近代的な主体のあり方や法意識とも重なっている。「頭を下げてお願いする。権利という形では私はよう主張しないです。」

と率直に述べているY氏にとって，権利主張という行為は選択肢には入っていないように見える。

【3】 「卑怯かしれませんが」

　いうまでもなく，どういう働き方・生き方をするかは人それぞれであり，それ自体をここで問題にしているわけではない。しかし，共同体的な生き方から見たとき，権利がどのようなものとして受け止められているのかは，日々の生活実践における法や権利の意味づけ，という一つの重要な考察点となる。

　インタビューでは，少ししくどく権利の意味合いについて質問してみたが，Y氏自身が何か権利的な主張要求をする可能性はない様子であった。しかし，権利主張が自分とはまったく無縁のものと考えているわけでもなく，最後の方で，分煙や嫌煙権確立を求める運動をしている人たちについてどう思うかを尋ねた質問では，そうした活動から恩恵を受けていて，「エールを送りたい」とも語っている。

　つまり，自分はコミュニケーションを大事にしたいから，勇気がないから権利主張的な要求はしないと繰り返し述べる。他方で，「部長から禁煙しましょうかと言って下さって，私たちが声を出せるのも，多分そうやって大々的にやって下さる方がいるからこそ，部長も今の世の中の流れということで言葉を出して下さった」と権利運動の恩恵を認める。

　そしてこの2つの関係のつけ方に関連して，悩みながら答えてくれた次の言葉には強いリアリティを感じる。

> 　難しいですね。私は卑怯かも知れませんが，権利でそういう制度があったらいいなというのは思いますが，誰かがそれをして下さって自分がその上に，いい環境の所で生活できるというのが本音ですね。自分からは権利でよう行動は起こさない。

▶§3＿　問い

　さて，みなさんはY氏の考えを卑怯なものと考えるだろうか。あるいは，人ではなく，言いたくても言えない場としての共同体のメカニズムの方に注目するだろうか。

　自分の働く場所をどうやって過ごしやすくするか，そのために人間関係その他いろんな計算をするのは自然で当然のことだろうか。あるいは不必要な苦労

なのか。権利主張が浸透していけば，そんな苦労は無用になるだろうか。職場での権利主張は困難なことなのか？そもそも，なぜ権利主張は関係を破壊することになるのか。

　これらについて考えるために，もう少し別の事例を見たほうが良さそうである。次章で見るのは，まさに分煙を広める市民運動に積極的に関わってきた運動家が，自分自身の職場の分煙化に取り組もうとした事例である。

▶§4　法社会学的考察の糸口

　(1)　欧米に比べ，なぜ日本では権利主張や裁判利用が少ないのか。川島武宜『日本人の法意識』（岩波書店，1967）は，この問題に，伝統的な日本の社会構造あるいは紛争や問題解決に関わる文化的な側面から説明する。本章で触れたY氏の考え方も，川島が考えた伝統的な日本人の法意識に重なっている。法や裁判にかかわる現代のわれわれの意識や行動を説明するときに，半世紀以上前に示されたこの川島法意識論がどこまで現代日本に妥当するのか。たとえば，そうした問題意識から読んでみるとおもしろいのではないか。

　(2)　Y氏の発言のなかにも，権利と共同体が対立的なものとしてとらえられているが，こうした見方はY氏以外の多くの人びとの中にもあるように思われる。そもそも，なぜ権利主張が関係を破壊することになるのか。さらに，両者の新しい関わり方があるとしたらそれはどのようなものなのか。こうした根底からの批判的考察に触れてみるなら，棚瀬孝雄「権利と共同体」棚瀬孝雄『権利の言説――共同体に生きる自由の法』（勁草書房，2002）と，棚瀬孝雄「順法精神と権利意識」木下富雄・棚瀬孝雄編『法の行動科学』（福村出版，1991）を勧める。

　(3)　喫煙には，分煙や禁煙の問題だけでなく，人格，自由，権利，責任，賠償，産業構造，さらに法・裁判がもつ象徴的な作用等々，法社会学的論点が凝縮されている。身近にある喫煙を覗き窓として，さまざまな角度から法社会学的考察をするには，棚瀬孝雄編『たばこ訴訟の法社会学』（世界思想社，2000）が参考になる。

第5章__ 権利の声と対話の遮断

▶§1__ 語りを聞く

　前章の第4章で検討したのは，社内ルールを守らない喫煙者に対してそのつど物言いをしつつも，権利的な形での主張はできない，と語った女性の例である。

　本章で検討するのは，煙のない社会をめざす市民運動に取り組んできた男性（P氏）が，自分自身の職場（地方公共団体）の一斉禁煙を求めて活動した事例である。職場の外の社会では，ある種の権利的な主張をしてきたP氏は，そのノリで自分の職場にも訴えたいと思っている。はたして，どう展開したのか。以下では，インタビューしたときのデータをそのまま提示し，語るという出来事とともに読者と共有することから始めてみたい。

――（筆者：以下同様）まずはじめに，たばこに関する市民運動を始めたきっかけを教えてもらえませんか？
　（P氏：以下同様）　そもそも，私がこの職場に入ったとき，一番最初に保健所に配属になりまして，そこで事務の仕事をしてました。保健所なので健康に関する資料が，衛生機関とか医師会とかからいろいろ来ます。私は元来たばこは吸わなかったんですけど，たばこがかなり有害であるということが分かってきて，まぁ暇だったのかも知れないし，少々の正義感だったのかもしれませんが，たばこの問題をもっと世間の人達にアピールしなくちゃいけないなということはふと思いまして。一人でやっていてもあれなんで，会でも作ろうかということで，「たばこを考える会」というのを作りました。昭和60年の9月に作りました。一番最初は嫌煙権という言葉が初めて世の中にポコッと出たのが昭和50年代後半だと思いますけども，東京のほうに「嫌煙権を確立する人々の会」というのがありまして，そこに入っている本県出身の方が4名おられました。
　近畿の団体で近畿統一キャンペーンというのをやっておりまして，こういうポスターを一緒に作ったりして，公共交通機関，駅，病院，医療機関はもちろんのこと，学校とかそういうところに全部配って貼ってもらう。そして啓蒙啓発をしていこうと。特に小学校には学校にお願いして，たばこに関するポスターを募集して，優秀作品を

この中にデザインとして入れて作ったりとか，カレンダーを作ったり。こういう賞状とか作って表彰したり。

この後，キャンペーンの開始から現在までの取り組みの経緯・苦労・拡大等についてのやりとり（略）

——具体的な効果・成果はどんなところで現れてきていますか？

　例えば，国鉄の大鉄，大阪鉄道管理局旅客課に行きました。あのときはまだ電車の中は全部たばこが吸える時代でしたので，「禁煙車を作ってください」というのをお願いに行きました。近畿一円の団体で申し入れ書を持っていきました。旅客課の課長さんが「こういうご時世になってきましたんで考えてみましょう」ということで，半年ほどしましたら，やっと禁煙車が。あれを大阪鉄道管理局管内で勝ち取ったかなというのが一番の成果で。あれから公共交通機関では，禁煙区間になったり，駅自体が禁煙になったりとか，喫煙コーナーだけになったりとか，だんだん拡張してきたかなと。

——現状では，鉄道回りで問題というのは？

　だいぶたばこの煙を追い込んでいったんですけども，喫煙コーナーっていうのは，ある意味で24時間吸えるわけです。閉鎖空間でもなんでもないわけですから，煙がボコボコ流れるわけですから，ある意味で，なんというかザル法みたいな感じで，漏れてますよね。いろんな人が混在するようなところでは，基本的にたばこはご遠慮いただきたい。子供も，おなかの大きいお母さんもお年寄りもおられるわけですから。だったら一つ前の通勤時間帯は全面禁煙といったほうがよかったねという話も，会員同士ではしてましたね。

——逆に，現状として取り残されているところはどこでしょうか？

　学校，医療機関，公共交通機関もほとんど，というか大分そうなってきまして，残っているのは，牙城は職場ですね，やっぱり，なんといっても。

　ちなみに，お寒いんですけども，私の職場は，私が一生懸命やっているわりには，なかなか。職場ですから，職場の上司・部下という関係がありますので，上司がたばこ吸ってるとなかなか面と向かって注意できない。注意できないというか，クレームつけられないという関係がありますので。職場は難しいですね，やっぱり。

——職場で全面禁煙をゴールにした場合，難しいのは上司との関係？

　そうですね。ある会社なんかは社長の鶴の一声，号令一下で禁煙になったり，禁煙手当を出しますよとか，新聞に載ってますけども。社長の見識というか考え方でゴロッと変わったりするとこありますよね。役所でも首長とか部長とか課長とか，組織の長が止めたということになると，すぐなるんですがね。

——でも，禁煙手当を出している会社でも，社長が出掛けたらバーッと煙が上がるところもあるみたいですね。

　なるほどね。でも，ボトムアップとトップダウンだったら，この問題はやっぱりトップダウンの種類に入るのかなと思いますね。英明な社長であっても，たばこに関してはすごくヒステリックになってしまう部分がありましてね。物分かりのいいボスなんだけどたばこのことを言うと「わかった，わかった」と理屈抜きで過剰に反応してしまう人がいるものですから。

　職場の環境の問題ですよとか，対人関係のことですよとかいう話をしても，ことたばこに関しては，ヒステリックというか理屈は通らないというところがあります。

——そしたら，職場のたばこ問題について物言いをしようとするとき，いったい誰に向かってどういう言い方で話をすることになるのでしょうか？

　難しいですね。私もいろいろ考えているんですけどねえ……。

　まず，今までやってるのは職場で「職場の喫煙をどう思うか」というアンケートをする。ただそのアンケートをすること自体が，上の方としては，つまりスモーカーのボスとしては神経にカチッときますよね。方向としては。たばこ吸う人たちが自分が希少種だという意識は持ってますから。追い込まれていくなという感じは持ってますから。被害者意識がでてきますよね，アンケートすること自体が。

　その結果を持って職場の討議資料とか職場のミーティングとか，人権の問題を考える場所で，前回やったアンケートの結果はこうなんですよ，22の職域でたばこ吸ってる人は3人ですよ。皆さんはどう思いますかと。そりゃ，たばこない方がいいよねと。すると，だんだんじわじわとなってくるかな。そういうのが正攻法かなと。私もそれをやろうと，親分，上の方がスモーカーがやっぱり多いもんですから，年齢層が高いもんですから。

　若手職員だけ千名くらいかな，ザーッとアンケートしたことあるんですよ。それを人事部へ持っていきまして，「職員はこうなんだから，是非，号令一下でやって下さい」というのをだいぶ前にいいました。ことたばこに関しては，「トップダウンするんじゃなくて，職場の雰囲気，人間関係もあるから徐々にやっていく問題だ」という言葉を歯がゆい思いで聞いてましたけど。なんとかならんのかと。何回もアンケートをしたりとか，やりました。

——それはいつ頃のことですか？

　昭和62年，63年くらいですね。人事課だけじゃなくて，労働組合にもっていきました。なんとかしてもらえないかと。でも労働組合というのは組合交渉する時に，こうたばこ吸いながら賃金の交渉をするというところですから，モクモクモクモクしてるわけですよ。全然労働組合というのは，職員のことを考える労働組合ではないのかとよく言うんですけども。委員長にも詰め寄ったんですけども「わかる。お前のいうことはわかるけれども，たばこのことはこらえてくれ」と。「なんですか，それは」みたいな。

――その場合は，「私としては，組合の長として，執行部の中心メンバーとしてそれを問題として取り上げるつもりはない」ということですか？　それとも「ごく個人的に，たばこのことは前向きに考えたくない」と？

　どうなんでしょうね。委員長としての立場があるんじゃないですか。私はパブリックにどんどん押すんですよ。プライベートな話するとふにゃふにゃとなりますのでね。「委員長として，リーダーとしてどうなんですか」と。「うーん，こらえてくれ」というわけなんですよね。だから，「そんなことで委員長は職員の生活とか職場を守るなんてこと言えるんですか」と，正攻法で攻めたんですけども，なかなか。

――組合に行ったときも，アンケート資料とか持って行ったんですか？

　ええ，アンケートの結果を持っていきましたが，あの時の委員長が言ったのが，「労働組合が職員から要望されるなんてことは初めてだ。我々は職員の要望とか希望を聞く立場なのに，要望されるなんていうのは初めてだ」と。そこで「でも要望されるということは要望があるんでしょ，こういう千人のアンケートからこういう結果が出てるんですから。職場の環境改善してください」と。でも「前代未聞だ」と。頭固かったのか，やりたくなかったのか，よくわかりませんけども。

――アンケート結果とは別に，これは新しい権利なんだといった主張とかはしなかったんですか？

　そうですね。そういう話もしたと思います。「安全な環境で仕事をできる権利もあるんだ」と。でも，正攻法で行くよりも，浪速節的な，「臭いところで，汚いところで仕事したくないんだ」と，もっとレベルの低いどろどろした感じですよね。職場の権利主張とまで確固としたものはなくて。なんとかしてほしいということですね。理路整然と権利主張とまではいってないですね。

――例えば，そういう形でどこかに働きかけたとしたら，現状のレベルではどんなリアクションが返ってくると思いますか？

　私は役所の内部の人間なんで，さっきの組合の委員長じゃないですけど，「内部の人間から何故そんなこと言われるのかな」と。それも考え方が古いでしょうけれども。第三者からとか，きちっと権利だと主張されて申出があると回答せざるを得んのでしょうけど，内部からなのでフニャフニャっとかわされたのかもしれないですね。私も若かったんでまだ未熟だったのかもしれませんが，「権利なんですよ」なんて言ったらどうかしれませんけども。「この若造が偉そうにいってやがるな」みたいな。

――組織の内部的なことがらについて権利とかそんな物言いをしてくるのは，内容以前に，内部的な事柄にわざわざ権利を持ち出してくるというスタンスについての拒否感みたいなのを感じられた？

　そうですね。

——ごく最近ですが，労働省とか各省庁のガイドラインとかがありますが，お話していくときに，それをお使いになることもありますか？　特定の部署は当然知ってると思いますが。

　それも使いたかったんですけども，正当な権利主張というところにいってないもんですから。向こうが，それを受ける方が，そういう意識までまだいってなかったんでしょうね。

——そうすると，現状では，権利的な主張をしたいんだけれども，仕方なく次善の策として，とにかく困っているんだということを話していく？

　たぶん，権利を理路整然と主張するよりは，ある意味で情緒的な訴え方の方が功を奏するんじゃないかと思ってやったわけです。日本人的な社会のやり方ですね。

　向こうとしては，「たかがたばこぐらいで何を声高に権利の主張をするんだ。権利なんて言葉を持ち出して，大袈裟な」ということを言うというか，言わんばかりの。まだまだ職場の中のたばこというのはすごく甘く見られてる，大目に見られていると言うか，たかがたばこぐらいに権利主張をするんだとか，母性保護うんぬんとか，労働省のガイドラインがどうだとか，そんなことは向こうとしては，全然「たかがたばこじゃないか。何を目くじら立てるんだ」というレベルなもんですから。客観的なアンケートの数値とかガイドラインなり，ペーパーもっていっても，向こうが受ける姿勢がそんな感じなもんですから，ある意味では情緒的なお願いというか，そのほうがいいのかなぁ？

——本当はそういう言い方はしたくないけども，まぁポーズとして，まぁお願いという格好をとった方が戦略的にみてもいいかなと，そういう感じですか？

　結果オーライなんですから，職場の禁煙環境を勝ち取ればいいわけですから，どういう戦略なり方法がベストかなと考えたんですけども。職場の中ですし，今の上司・部下の関係があるので「なんだ，あの若い跳ねっ返りが」といわれるのもいやだなという気持ちも少しはありましたので，穏便にできれば，結果が獲得できればいいなという感じですかねぇ。

この後，庁内での喫煙状況，他の組織・企業での喫煙・分煙状況等についてのやりとり（略）

　——国鉄への働きかけのときのような，これは当然の法的な権利としてという，そういう物言いは職場では……。

　したいですね。それはしたいですね。言えることならどんどん言いたいんですが，ある意味で，和というか，大人げないと思われるかなという遠慮があったりというか，遠慮したくないんですけども。毎日顔を合わさなくちゃいけませんからね。

この後，分煙運動の勉強会，伊佐山弁護士たちとの交流等についてのやりとり（略）

——法的な権利となっていないが，嫌煙権という一つのワードのもとでいろいろな運動とか意識が変わってきた。そのことによって職場なら職場，パブリックな場で少なくとも議論をすることが可能になった。話のトピックとして口火が切れるようになった。しかし実際に職場とかではそこから先に話を進めるのは簡単ではない，と。いまのところ現状としてはそれしか望めないのか。期待としてはどうなんでしょう？

　まぁ，主張はしたいですけど，どうですかね。釈迦に説法というところはありますよね。日本人は権利を主張するのが好きな国民ではないような気がしますので，結果オーライなんで問題の解決さえできれば，権利を主張するのが一番近道であればそれはもちろん権利を主張していきたいですけれども，ほかにもっといい方法があればそのほうがいいかなぁと。

　——例えば職場で，「敗訴したけれどもこないだもここで訴訟がありましたね。たばこと言うのはこういう風に世の中で変わってきてるんですよ」とかいう形で，訴訟のことに言及する，引き合いに出してくるという話の仕方も可能かなとも思うんですが。

　よくわかるんですけども。「嫌煙権というのは，憲法で保障するところの人格権だとか環境権ということに，法的に近い分類のものであって，確立されつつありますよ」というのは，こういう（市民運動）団体ではよくわかって貰うんですけども，言う相手によっては，権利なんて言うともうその時点で「何だ，こいつは。人にものを頼む態度じゃない」と。そもそも「たばこ吸って何が悪いんだ」という腹があるわけですよ。「遠慮してやってんだぞ」みたいな。だからそういう立場の人と議論する時に権利という道具を持ち出しても喧嘩にならないというか，噛み合わないという，ローカルな現場では。訴訟ではもちろん法的な戦いをするわけですからきっと理論構築・理論武装しなくちゃだめですからあれですが。ローカルでは権利主張してもあまり問題の解決にはつながらないような，逆に縁遠くしてしまうような，むしろ印象がありますね。「喉が痛い」とか自分の身につまされるような，リアリティーのある主張なり，要望というのも変ですよね，対等ですからね。まだまだたばこ優先社会という名残がありますから，どうしてもたばこ吸わない人達がお願いをするというか，「職場を改善してください」と。たばこを吸える職場が当たり前であってそれを「改善してください，代えてください，それにはこういう理屈が，権利が」とか「事情が」とかと理屈をつけてるのが現状でしょうね。トップダウンだったら理屈抜きである日突然「やれ」とか「嫌だよ」とか。泥臭い話ですよね，先生にお話しするには。

　——基本的に，それぞれの職場で決めるという考え方自体はどうなんですか。

　人事課にいわせると，それは各々の職場の事情もあって，まぁそんなのはボスの機嫌だけだと思いますが，事情もあって各々取組みをしてもらっているので，それはある意味ですべて評価できると。やってないところはやってないなりにいろいろ努力もあるだろうし，全面禁煙のところは全面禁煙で，いろいろ差があるんだけれども，一応職場の喫煙環境考えるというのは評価できるんだと，わけのわからんこと言ってま

す。

——さっき，下からのボトムアップの可能性は難しいとおっしゃいました。現状だとトップダウンのほうが，とりあえず環境の実現ということでいえば近道だろうということでしたが，逆に，ボトムアップ型でするとしたらどんな方法が考えられますか？

　地道にですか？　ボトムアップで……。職場の討議を積み上げていくんですかねぇ？　そこの部長がスモーカーだったら一蹴されるかもしれないですからね。賽の河原状態かもしれませんね。事業の話をするとか予算の話をするとか，議会の話をするという，そういうふうに積み上げていくものとはレベルが違うんですよね，たばこの問題は。だから奥深いんでしょうね。理屈抜きに吸いたいんですよ。体に悪いことも分ってるし，希少種であることもわかってる。その話をしてくるとだんだん自分が追い込まれているという被害者意識もありますので。ボトムアップで仕事を上げるという役所のやり方とか，トップダウンでやるという役所のやり方とは一線を画しているんですね，やっぱり。理詰めでいかん部分がある。難しいですね。

▶§2＿＿　問い　　なぜ職場で権利的主張が抑制されるのか？

　以上が，P氏による職場での禁煙の働きかけの経過である。このインタビュー時点では，P氏の職場の喫煙対策は，旧労働省のガイドラインに沿う形で，喫煙を含む労働安全に関する委員会での議論と並行して，部署ごとに話し合ってそれぞれの喫煙対策を考えるというところに留まっていた。これでは埒があかないと，若手職員千人を対象としたアンケート結果をもって，全庁一斉の禁煙化を人事部や組合委員長に求めて行ったが，噛み合わないまま跳ね返されてしまう。

　職場の外では，市民運動家として旧国鉄への申入れによって禁煙車両の設置という成果を勝ち取った経験があるだけに，権利的な主張ではなく情緒的懇願の姿勢を取らざるを得ないことへの悔しさはなおさらであろう。

　禁煙社会の実現を求める運動ではできた権利的な要求の声が，なぜ職場では抑制され，お願いという別の動作に曲がってしまうのか。

▶§3＿＿　注目voice　　「何だ，こいつは。人にものを頼む態度じゃない。」

　この点について考える上で注目されるのが，インタビューの中の以下の語り部分である。

「嫌煙権というのは，憲法で保障するところの人格権だとか環境権というこ
とに，法的に近い分類のものであって，確立されつつありますよ」というのは，
こういう（市民運動）団体ではよくわかって貰うんですけども，言う相手によっ
ては，権利なんて言うともうその時点で「何だ，こいつは。人にものを頼む態
度じゃない」と。

▶§4＿　一つの解釈

【1】　共同体的な振舞いによる共同体の再強化

　なぜ職場で権利的主張が抑制されるのか。この問いへの一つの仮説は，P氏
も述べている日本社会の特徴から説明するものであろう。「日本人は権利を主
張するのが好きな国民ではないような気がします」「権利を理路整然と主張す
るよりは，ある意味で情緒的な訴え方の方が功を奏する」「日本人的な社会の
やり方」等々。

　こうした解釈の下敷きにあるのは，伝統的な共同体vs.権利主張という構図
であり，川島武宜が『日本人の法意識』の中で説いた日本人の法や裁判に対す
る前近代的な構えである。

　この共同体がもつ反権利主張的な磁力について，この事例に沿ってもう少し
細かく見てみよう。じつは，最初からすべての職場があらかじめ共同体として
存在しているというわけではない。個々の具体的なメンバーが共同体としての
職場をそのつどの振舞いで再認し，強化していること，それもP氏のように反
共同体的な言動をしようとするときにむしろ強く再生産されていくことに注目
しなければならない。

　他方で，上司や委員長が喫煙者だから喫煙対策に否定的・消極的になるとは
限らない。別の職場の事例では，非喫煙者である課長が自分の課を禁煙にでき
ないのは，課内の喫煙者に悪いからだと述べていた。部下の方は部下の方で，
気を遣う。ある会社の従業員4人の営業所で働く女性は，自分以外の所長と2
人の営業マンがみんな喫煙者で，営業所内での喫煙を我慢しているが，そのこ
とを他の3人には口に出せないという。我慢や苦痛を伝えたら遠ざけられるか
らではなくて，打ち明けたらみんな理解して室内での喫煙をやめてくれると思
う。毎日みんなに気を遣ってもらう方がよけい気が重くなるから自分一人我慢
している方が良いという。

結局，ここに見られるのは，組織の中で目立たないようにいること，責任を取りたくない，原因主体になりたくない等々，組織のなかでの微妙な計算を経由し，結局のところ主体が消失・隠蔽され和を旨とした共同体が自動運動のように再強化されていくことになる。第1章で検討した魔物，すなわち避難場所の記載をめぐる教育委員会や学校における責任の空洞化においても，この同じメカニズムが作用していた。

　そして，このP氏の例でも，「トップダウンするんじゃなくて，職場の雰囲気，人間関係もあるから徐々にやっていく問題だ」との人事課の回答もまた，職域自治という名目のもと，自分が課長のときに大きく仕組みが変わったと言われたくないという逃げでもあったであろう。

　結局こうした共同体メンバーとしての個々の利害や保身が，共同体を共同構築していく例としてP氏の事例を見ることができる。

【2】　権利主張と共同体の関係

　裏を返して言えば，権利的な主張要求には，既存の秩序を何がしか掻き乱す作用が備わっているということでもある。棚瀬孝雄は，権利が内側にもつ2つの本質，すなわち秩序の撹乱性と有無を言わせない力の貫徹が，日常的な社会的相互作用の流れを中断し，社会関係に緊張をもたらしていると説明している（棚瀬2002）。

　この権利と共同体の関係については，同じように職場で禁煙を求めた次章の事例の検討の中でもう少し詳しく考察することにする。

【3】　たばこがもつ習慣性

　ちなみに，こうした権利主張的な局面とは別に，たばこという商品がもっている特性が関係していることも少し触れておく。

　たばこが持っている習慣性，わかっているけどTPOを弁えた喫煙ができない弱さや引け目といった点で，喫煙者に対する物言いには，特定個人の人格的劣等性への非難が含まれてくる。職場の喫煙について議論することは，喫煙のTPOを一時的にでも変更する等の行為選択のできる主体である（はずの）喫煙者に，それをしないことへの人格的非難を避けて通ることが難しい。そして，それはいつも問題をややこしくする。

　こうした困難に加えて，上司や管理者という共同体内の役割が重なることで，さらに問題が複雑化し，結果的に「話を回避する」か「コミュニケーションが成り立たない」事態が起こるのが，職場喫煙の基本的な問題状況のように思わ

れる。次章以降では，こうした人格問題化を避けるように設備や施設の問題と
して社内で働きかけた事例（第6章），さらに人事部長に分煙提案を一蹴された
女性が社内ネットワークを使って全社分煙化を達成した事例（第7章）を紹介
した後，職場と権利的語りとの関係について検討する。

【引用文献】
川島武宜(1967)　『日本人の法意識』岩波新書
棚瀬孝雄(2002)　『権利の言説──共同体に生きる自由の法』勁草書房

第6章＿ 脱人格化のvoice戦略

　前章で取り上げたのは，分煙をめざす市民運動に取り組んできたP氏が，自分自身の職場の一斉禁煙を求めた取り組み事例であった。そこで一つ明らかになったことは，職場で喫煙問題について話し合うとき，しばしば人格的な非難や攻撃に結びつけられて話が止まってしまうということであった。分煙への提言や要求を受けた上司や組合委員長が喫煙者かどうかも関係するという見方もあるが，実際には喫煙者であっても分煙を提案する上司もいれば，非喫煙者の上司が喫煙者にある種の遠慮をして喫煙を容認する場合もある。

　とすると，注目しなければならないのは，喫煙者であるかどうかといったことを超えて，権利としての主張や要求という形での働きかけ方自体がコミュニケーションの断絶を生んでしまう可能性である。

　本章で検討するのは，ある民間企業に勤めるM氏の事例である。M氏の行動は，執務室禁煙政策によって設置された屋内喫煙場所の煙を処理する設備の要求から始まった。その後，少しずつ喫煙場所が移動し，最終的にビルの裏の出入り口の外側に移動することになった。屋外に追い出された喫煙者にとっての不満や反発は相当あったと思われるが，少なくとも社内で大きな問題になることもなく，比較的短期のうちに煙の屋外化が達成された。

▶§1＿ 問い　　喫煙場所の屋外化が，粛々と進んでいったのはなぜか

　いったい何があったのか。喫煙者の不満はあったとしても，P氏の事例のようなコミュニケーション上の遮断や問題を生むことなく，1,000人規模の事業所全体の分煙（屋内完全禁煙）が達成されたのはなぜなのか。

　P氏のケースとは異なり，権利としての要求が会社側に受け入れられていったのか。それとも逆に，揉み手をしてお願いのポーズをした結果なのか。ある

いは，Y氏の事例のように「わかってくださる」上層部やトップの一声があったのか。このインタビューは1999年に行われたものだが，当時の労働省が出した1996年のガイドラインに沿って，喫煙対策に関して検討する委員会が組織され，喫煙者と非喫煙者の代表が送り込まれ，そこでの議論によって方針決定がされたのか。それとも，それとも……。

ひとまずここで，何らかの漠然とした予想や想像をしていただいた上で，以下，出来事の詳細とそれについてのM氏の語りを聞いていただきたい。

▶§2__ 語りを聞く

以下は，M氏へのインタビュー記録である。

——（筆者：以下同様）まず，喫煙が問題になっていた場所について説明してもらえますか？
（M氏：以下同様）
　エレベーターの群れがこういうとこに並んでいて，オフィスがこういう所にあって，ここに廊下があって，自販機とかが置いてあって，この辺に椅子があって，ここが，廊下なんですけど。それで，吸っていいのがここだったんです。ここは，トイレに行くにもお茶を汲みに行くにも，こっちに行くにも，とにかく絶対通らなきゃいけない所なんですよ。で，ここでプカプカやられてたんです。だから，オフィス内禁煙なんだけど，ここを通らなくちゃいけなくて，ここ結構，煙りが濃くなっちゃうんで，狭い所が。これは，私は非常に不満だったんだけど。まぁ，そういう時期がありまして。

　——すると，こちらに社屋が移転してからの問題は，ここがネックだったんですね，文字通り。
　で，それがだんだん移動していったんですよね。煙は，やっぱり私の他にも「あそこじゃちょっと……」っていう人が結構いたらしくて。私がSP制度とかで出したことがあるのは，「みんなが通る所で煙を出すんだったら，囲いとか排煙装置とか，ちゃんと設備を作ってくれ」というようなことを出したんだけれども，その時は，非常にうちの会社がお金が無いというか，厳しい時期だったんですよ。何でも，要る物でも買わないような状態だったので，当然そんなお金はないというような話で返ってきちゃったんですけど。私の他にもきっと文句言った人がいたんだと思うんですけど。その後，ここで吸うのは止めになって，その廊下がこう通ってますので，その廊下の端っこのところに，ちょっと衝立をおいて。

　——この模様のここが，廊下部分になるわけですか？
　それで，その端っこのところで吸うように変わったりしたんです。端っこで吸うようになった段階で私はまぁ，「あれでいいや」と思ってたんですけど。端っこで吸う

ようになってた時期はわりと短くて，例えば半年とかそんな感じで終わりまして，その後は，全館，部屋の中という中は禁煙ということになったんですね，屋内は。（中略）社内の人が吸ってるのは，広い建物の裏の口を出た所の壁際のところで皆ずらっと並んでたばこをふかしているっていう感じで。

――それは現在もそう？
　現在もそう。

――ということは，屋外に喫煙可能場所が移動したということ？
　そこに灰皿が並んでいて。

――それは雨風はしのげるような？
　なんか衝立てとひさしぐらいの感じで。でも結構寒いと思いますけど。それで，お客様は表玄関から通るわけだけども，その表玄関も結構プカプカしているし，その裏から通ってもプカプカしているし，とにかく全館の人がそこに出て吸ってるわけですから，かなり密度濃いんですよ。

――5，6百人以上ですか，社員は？
　もっとですね，千人規模でいると思うんで。こういうところにかたまって吸ってるわけだから，まぁ喫煙率はどのくらいか分からないですけど，かなり濃くなっちゃうんですよ。だから，私はその廊下の端で吸っててくれた時が一番いいなと思ったんですけど，あまり影響がなくて。

――外のほうが影響が少ないんじゃなくて？
　廊下の端っこっていうのは別に通らなくても済むので。入り口は通らないと出入りできないですから。その時に煙がすごく濃くなっちゃうので。かなり漂っちゃうんですよね，あちこちに。だから入り口が近くなってくるとかなり手前から臭くて，かなり逃げるまではまだケムいんで，私はあまり好きじゃないんですけど。多分吸う人も外で吸うのは嫌だろうと思うんです。でも今はすっかり定着して，そういう吸い方になってからはかなり長いと思うんですけど。一応そこで吸うようになってからは，多少会社も理解してきたせいもあって，一応衝立てを立てるとか，そういう工事は多少したみたいです。

――ここは一応屋外だから，例えばここの付近にいても基本的には煙は来ないですか？それとも出入りする以上は流れて来る？
　やっぱり入って来て，最初かなり気になったんですけど，最近はそこで吸ってる人の数が前と違うような気がする。

——じゃあ，わりと急激に喫煙者の割合が，少なくともオフィスでの喫煙の割合が減ったんでしょうか？

　そうですね。本数が減ったのか，人数が減ったのか，そこまでは分からないですけど。だから，最近そんなに気にならない。

——じゃ，問題はこっち（表玄関）ですか？

　そっちのほうも減ってるような気がするんですよ。だから，お客様には「吸うな」とか絶対言わない筈なんですけど，それでも世の中いろいろ，駅の構内は禁煙とかなんで，あんまりそんな堂々と吸うもんでもないかなって感じで，いろいろ定着しつつあるのか，よくわかんないんですけど。だから，吸う形態としては，こうかたまったのはかなり前なんですけど，その間にも色々変わってきて，煙の密度が薄くなった。

——そのSPという制度は，たばこに限らないと思いますが，そもそもどんなものですか？

　新入社員教育の時に，会社の理念みたいなのをやりますよね。そのときに色々掲げている理想みたいなのが出てくるんですよ。ちゃんと一人一人を大切にする会社なんですよってことをすごくアピールしてたと思うんですね，その新人社員教育のときに。だから例えば，平社員が社長に対してであっても，誰がどんな偉い人のところにでも直に話に行ってよいという制度がありまして。実際にはあんまりする人はいないと思うんですけどね。まぁ，とりあえず誰がどこに話に行ってもいいというようなのとか。ただ実際には，じゃあ社長のところに誰か平社員が喋りにいくかっていうと，そんなことないと思うんですけど。

　その他にも全社員対象の無記名アンケートがあって，それは毎年じゃなくて隔年だったと思うんですけど，それは自由記入欄も含めて全部，匿名性が守られるように，とにかく上司の評価とか職場の雰囲気についてとか，いろんな項目があって，選択式の記入欄もあるし，あと何か困っていることとかこうしてほしいとか，自由記入欄があって，そのまま出すと，誰が書いたか，たいてい分かりますよね。だからそれを誰か決まった人がタイプ打ちをして，その段階で名前を伏せて目に触れるようにするというやり方にして。それでSP制度は，（同じように匿名で意見が言える）随時ですよね，何か言いたいことがある人は言いたい時に言う。そういうような施策が一応あることになってます。

——たばこの煙に関しては，どこに何を物言いすべきか，他にも選択肢はあったんですか？

　別に，上司に直接言ってもいいわけだし，あるいは施設担当の人を探して直接言ってもいいわけだし。誰ということなしに言いたいんであれば，そういう風にすればよくて。だからまぁ，やりようですけど。

——その時は上司に一応言われたんですか？

　いや，上司は物の言い易い人だったんですけども，別に上司が煙の設備のことを考

えているわけではないですから，だから，言うんだったら設備の人だろうと思うんですけど。別に上司に頼めば，誰が話をするべき人なのかを探してくれる位のことはしたかも知れないですけど。別に，上司も忙しいの見えてるから，手を煩わせるまでもないっていうか。もうちょっと施設のこと考えてる人に声は届いたほうがいいんで，特に上司には言わなかったですね。もちろん，通りすがりに「ここヤだね」ぐらいの話はしてますけど。

——で，上司ではなく設備を担当している部署に連絡というか，話に行ったわけですか？
　いや，SP制度を使って。そこから施設の担当のところに行ったらしくて，それで返ってきた返答は「お金がない」っていうことだったんですけど。

——それは，割と，リアクション早いんですか？
　そんなに，いわゆるお役所っぽい時間はかからなくて，まぁ普通の常識的な範囲内で届いてたと思います。きっと，もっとややこしいことを聞けば，もっと時間かかるんでしょうけど，お金がないっていう返事をするくらいには，そんなたいして時間かかんなかったですね。

——その時は，「ここをやめて別の場所にしてくれ」とか，具体的なことを書かれたんですか？
　いや，私が書いたのはあくまで「その場所で吸われるんだとしたら，こういうふうな設備を作ってほしい」という，そういう書き方をしたので。

——場所を変えるのではなくて，囲い，もしくは煙の流れないような……？
　私が考えたのは，よそで吸ってくれるというか，もっと不便な場所，この廊下の端なり，外で吸ってくれるという選択肢を言い出してもいいんだというのが頭になくて。仕事の合間にほんのちょっと吸いに来るわけですよね，だからわざわざ外まで行ってもらえるもんだとは思ってなかったんで，そういうことは提案しなかったんですよ。

——じゃあ，ここの場所でいかに煙を分けてくれるかということで考えてたわけですね。で，お金の問題。
　お金の問題というか，会社にとってはその設備を作るっていうのもお金がかかることだし，喫煙者がわざわざたばこを吸うときに，勤務時間内ですから，吸いに行くっていうのも一応コストだろうと思うんですけど。その辺よく分からないですが，とりあえず会社としては外で吸ってもらう道を選んだ。

——ご提案されたことは，一旦，Noということになった？
　お金がないから今のところちゃんとした排煙設備とか囲うとか，そういうことをするつもりは今ないんだと。ただ，そういう声は出ているので検討中であると。政治家の答弁みたいですけど。そういう返事ではあったんです。前向きに考えたいと。

──それで，こっちに場所が移るまでっていうのは，その間っていうのはどんな？　やっぱり落胆して，やっぱりそう出てきたかっていう感じ？

　そうですね。でもそれから，実際に端に移るまではそんなに長い間ではなかったですね。だから，半年，半年っていう感じで，いろいろ移ってきたという気がします。あと，私が産休で休んでいた時期とかもあるから。だから，思ったより早く感じてるだけかも知れないですけど。

──結果的に，そのSPの仕組みを通じて，提案というかお話されていったというのは，戦略的に考えたときに，他の選択肢よりもよかった？

　別に，直接言ってもいいことだったと思うんですけど，（SP経由の方が）簡単ですよね，誰が担当か探さなくていいから。簡単だし，抵抗なくできるから。そういう風に，なるべく建設的な書き方をした方が印象がいいと思って色々書くけど。実際はそうやってそういうこと思ってる人が何人か声を上げれば，まぁちょっとやろうかなって感じしますよね，その担当の人が。だから，その時，一応，形式的には蹴られたわけだけど，やったことは無駄じゃないのかもしれないし。そういう風に気軽に出せるから，何人かとくに煙の嫌いな人がそうやって出せば，「じゃあ，ここにこういうのを作るお金はないけど，こういうのにしようかな」とか。まぁ，あれはあれでよかったなと。

──「煙困るよ」という人は他にもたくさんいたと思うんですけど，他の人たちがどういう働きかけをしているかというのは？

　それは分からないですよね。だから，SP制度というのは他の人に見えないというのが玉にキズですけど。まぁ，本人が言えば分かるわけだけど。たまたま私の，例えばお昼を一緒に食べたりして雑談をするような仲の人は，私ほど気にしてる人はいなかったので，何か行動を起こしたとかいう話は聞いてないですね。

──あと，他の会社ですと，例えば組合でトピックとして取り上げて話をするというのも，可能性としてあると思うんですけど，御社の場合には？

　組合が機能してないんですよ，まったく。

──組織としては一応ある？　形式上というか。

　無視できるくらいの人数が入ってる，小さい組合はあるんですけど，ほとんど事実上はない。だからいろいろ本当は三六協定結んだりするのに，組合じゃないけど，代表者が行かなきゃいけないですよね。それもなんか形式的に丸付けるくらいで，いわゆる労働者の団結どうこうっていうのはないんですよ，一切そういう動きは。たばこに限らず，何に関してでも，とにかく協同組合とかそれに類するような労働者が声を上げてく組織っていうのはまったくないです。

——もし，今の職場でSP制度がなかったら，どうされてたと思いますか？——

　どうかな，ちょっと分かんないですけど。他にも，何か言ってみようかなと思うことがあっても労組がないので，事実上，そういうSP制度を使って，とりあえず言ってみる。とにかくこう考えてる人がいるよ，ということをただ伝えるだけで。だから団結して戦うとか，交渉するとか，そういう感じじゃないですよね，SP制度にしても何にしても。だからそれしかないんですよ，会社の中全体が。みんなおとなしい。会社もおとなしいと思うんですよ。会社も無理を言ってこないし，労働者も，何か要求をするという感覚もまったくないし，お互いおとなしくて。だから，要求するとかそういう発想にならなくて，「こういう風に思うんだけどどう？」って感じで，とりあえず言ってみる。最近もちょっと言いたい事があって，いろいろネチネチ言ったんですけど，その場合も直接担当者に「これはこうだからこうだと思うんだけど，どういう風に考えてますか」って感じで文書で何度か質問をして。だから，まったく個人的にやってることで，まったく団結してない。

——何かあったときには，個々人でコミュニケーションをとる？

　どういうわけでこういう風になってるんですかとか，とにかく聞いてみる。

——そういう社内の雰囲気というかやり方は基本的に好きですか？　あるいは物足りない？

　うーん，どうなのかなぁ。たばこくらいだったらそれで済むんだけど。例えば育休後の処遇とか，今いろいろ気になってることもあるんですけど，そのお問い合わせだけでどうにかなっていくのかなっていうのはちょっと。まだ動いてないので何とも言えないですけど。

——かと言って，組合があればそれでいいかというと，また話は別になるんでしょうけど。

　だって，組合あるところでは結構みんな苦労してるじゃないですか。

——はい。ちなみに今，産休・育休とられた後の処遇で，ご自身でも周囲でもシリアスな問題というとどんなことが？

　私自身は，一人目の時は割と何も考えずに休んじゃったので。子供は11月に生まれてて次の４月に近くの保育園に入園してるんですけど，それまでの間，まるごと休みをとっていて，その後の１年間は半日勤務で。その半日勤務っていうのが，取る時は子育てをどういう風にしていこうかっていうことばっかり頭にあるんで，仕事がこの後どうなっていくのかっていうのが頭から抜けていて，あまり考えてなかったんですけど。半日勤務っていうのは勤務が短いっていうよりは，育休とっているという扱いの中でアルバイトみたいに別個に雇われる形で，そこは半分のキャリアがあるんじゃなくて，まるごとなし。まったく働いてなかったのと同じで，目標もないし評価もないですよね，実際。だから大雑把に言うと，まるごと休んだ時は休んだなりの評価っていうか，ほとんど評価ないですよね。で，休んだ年の次の評価っていうのが，去年

そういうふうに休んだ人というのでまともなのにならないという。だから1年間休むと，休んだ年がダメになって，休んだ次の年は，去年休んだ人ってことで，その年ちゃんと働いててもまともな評価じゃなくて，Dとか普段は絶対つかないような評価がつく。その次の年に，去年Dがついてた人はCまでしか上がらないということになっていて，戻るのに3年かかるんです。と言うので，悪い評価をひきずるという問題と，あともうひとつ，職位の昇進の問題があって，勤めてから3年するとみんな自動的に，副主任になになにとか言う風に，名前が変わると言うか，同期が全員そういうふうになっていて，そこにあがるとこまでは横並びで行くんですよね，その先は違うんですけど。だけど勤続3年ていうのが条件だったらしくて。知らされてないんですけど。ちょうどその3年になる直前から休みに入ったんですね，私が。そうするとみんなが昇進した春には，私は育児休業をとってるからダメで，まぁ，それはわかるんですけど，休みから帰ってきてちょっと経てば3年になりますよね。でもそのときはならなくて，結局，上司も知らされてなくて，どういう仕組みになってるのかを。「この人を」って推薦すると，「まだ足りません」っていって。あれっ？って。結局あとになって分かったんだけど，キズのない期間が3年ないといけなかったというので。そうすると，直前で休みに入ったらものすごく遅れちゃって，やり直しになっちゃうんですよ。それだと，働いてる間ちゃんとやればちゃんと評価されるという風になってないわけだから，例えば，去年休んじゃったんだったら，今年はどういうふうにやってもDしかつかないやって，ちょっとやる気がなくなりますよね。仕組み上そういう風になってるっていうのは会社にとって得なことじゃないと思うんで，そこもちょっと言ってあげたいと思ってるんだけど。喫煙とかに比べると割合，気軽に言えない問題なんで，ちょっとどこから攻めようかなって感じで。

——その問題について，他の方とよく話はされますか？
　男性はほとんどそういうふうに経歴にキズをもっていないので，そういうことがあるってことも知らないんだけれども。

——育休とられてる男性社員はいらっしゃいますか？
　私の知る限りではいません。女性の方は，働き続けられれば御の字っていう人が多くって，
　実際そういうことはあるんですけども，みんなそれどころじゃないっていうか。とりあえず原職復帰ができれば御の字という感じで。復帰した後も，ちゃんと保育園の送り迎えに間に合うかとかそういうことが頭にあるから。どういう風に評価されたとかそういうことはあまり皆の関心事じゃないらしいんです。だから，あんまりそういう話にはならなくて。子供を産んで働いてる人は結構いるんですけど，不思議なことにあまりそういう話にはならなくて。

——その3年というのは，いつからそういう仕組みになってたのとか，そういう情報っていうの

は？

　分からない。上司には聞いたんだけど，上司も知らないって。人事に行かないと分からない。何人か，マネージャーをやっている偉い人系の人に聞いてみたことがあるんだけど，自分の直属の上司は，推薦して，「あれ，通らない」と知らないでやってたわけだけど。上の上の人とか，三段階上の人とかにちょっとその話をしたことがあるんだけど，「そんなはずはない，うちの会社がそんな制度になってるわけがない」って言い出すくらいで，知らないんです。

　──あまり，拙速に人事に提案させるよりは，もうちょっと待っていろいろ状況を調べてからの方が……

　別の方面からいってみようかなという気もするんです。SP制度で中から聞いてみるのも，一応答えが必ず返ってきますから，例えばどういう仕組みになってるかも知りたければ，とりあえずやっぱりそれを聞くっていうのは役に立つと思うんですけど。その後がちょっとどう出るかが決めてないんですけど。SP制度っていうのは使いやすい制度ではあるけど，手応えのない答えが返ってきた時にどうなるってもんじゃないんで。今，市民団体の活動として，いろんな会社の広報から育児関連の施策はどういう風になってますかって。どういうポリシーで，どういう仕組みになっていて，どういう風に運用されてますかっていうことを表玄関から，ただ聞くだけ。批判的にじゃなく，いろんな大企業に聞いてみて，ホームページに載せちゃう。それで聞いてみるときに，それはどういうつもりでそうしているのかを表から聞いてみる。嫌味のひとつなんですけど。

　──聞く時は黙って聞いておいて，載せるときはバーンと。

　もちろん載せることは言う。こういうふうに載せると，それで取材してるということは言って，その範囲で出してくれるのはどこまでかというのを。そういうふうにやってみて，並べてみてわかることもあると思うんで。それでまた，特定の会社のここがちょっと変だと思ったら，今度またその先のという風に，だから会社の社員個人が会社に一対一の関係で言っていくのとは別個に，横からただ情報公開を求めている。そういうことを混ぜたらおもしろいかなと思ってるんですけど。

　──その戦略上のメリットはどの辺にある？

　とにかく喧嘩する必要はどこにもなくて，そういうやり方をやってる間は。ただ聞いていく，どういうつもりでこうなったかを。その中に今納得いってないことがあったら，聞かれてるほうは自分の考えを話しながら，ここはこういうふうにマズいんだな，ということが分かるじゃないですか，人に話しちゃうと。ただ聞いてくだけで，これは本当はヤバいんだけどというのがわかってきちゃう。

　──話すことで気づいてくれるという可能性もあると？

そうですね。それとそのうちの会社自体が，なるべく法律の目をかいくぐって労働者から搾取してやろうっていうよりは，恥ずかしくないようにお国の言うことは全部守りましょうということを気にする会社だから，例えば「ここにこういう通達がありますけど，これとこれとはあまり一致してないようですけどどういう風に考えていますか」とかきくと，そういうことに気がついちゃうと少しずつ変えるときもでてくる。役所からいろんな通達が出ますので。あとILOの条約とかそういうものでもいいんですけど。一応，日本が批准した条約があって，「ここではこう言ってるけど，これとこれは合ってないような気がするけど，これについて変える予定はありますか」と聞いてみる。私の友人で別の会社に勤めてる人で，うちの会社と違ってずっとずっと体質が古くていろいろ苦労してて，人事上，すごく納得のいかないことがあったんですけども，その時も彼女はあまり気が強くないんで，喧嘩していくということはなくて，ただおとなしく相手の人事の言うことを聞きながら，ただ質問したくらい。っていうんで，何回か会ったりしたんですけど。それで，ちゃんと変わったこともありますし。保育園の送り迎えをどう取り扱うかについても，労組の方は最初ぜんぜん頼りにならなかった。人事のほうから，ちゃんと表から話し合っていくだけで，だんだん変わってくるんですよ。喧嘩をしたわけじゃなくて，「その時こう言ったのは，どうして」とかただ聞いてくだけ。それで変わって行くんです。言ってるうちに恥ずかしくなっちゃう。

――それは，そうなるところもあるけど，そうじゃないところも多い。
　なるべく頭のいい人を相手にする時のやり方ですけど。

――それが期待できない場合には違うやり方でいくと。話していて気づかない場合は困りますね。
　そうですね，困りますね。例えばうちの会社なんかで育休後の施策の話とかは多分それでいけると思うんですよ。つまり，大体どのおじさんたちに話をしても，そういうのはただ休みをとっただけで次の年の評価が下がっちゃう，それはおかしいって大体みんなが思ってるんで，雰囲気としてはみんながこっちを向いている。それだったら押しているうちにイケるかなと。みんなの納得が得られて，制度が残っているだけだから。その場合は穏やかにいっても一応やりようがあるというか。

――SP制度とかならば正論で押していけるというのは，なぜ？
　どうしてかな。雑談もするような関係のときには，正論だけで押すっていうのも……。それがなぜかと言われると，よく分からないけど。夫婦の間の議論とかいうと，なんか割と硬い，「こうだからこうじゃないの？」って，硬く押していくこともあるけど，それは，「それでもいいや」っていう気持ちがあるから。SPとかで，それ以外の人，全然普段は知らない人に言うときには，硬い話しかしないわけだから，逆にそれで自然なんだけど，普段，上司でも同僚でも雑談をするような関係の人とは，あまりそういう雰囲気は避けるようにしている。まったく仕事の話では別ですけど。

——正論でない話し方ができるなら，そっちのほうを使いたいと。例えば，正論が何かのときに話のはずみで出ちゃったりすると，なにか問題が起きるとか？

　というか，仕事をする上ではいろんな話し合いをしますよね。その時に，割と正論で押すタイプの人っているんですよ，必ず。そういうのはたいていうまくいかないんで。

——こと仕事のことに関して？

　仕事のことであっても，やっぱり特に何かを，自分が立場が強ければ強いほど，「こういう風にしたらどうでしょう，こういう風にしてもらえませんか」って感じで，自分のほうが立場が強ければ強いほど，正論であればあるほど，遠慮がちに言った方がものごとスムーズにいくんですよ。私も昔はすごく下手だったと思うんですけど，仕事の場でうまくいくように，一生懸命考えますよね。で，すごくスムーズにいくようになったかな。

——正論は大声で言わない？

　正論は相手に気がついてもらうと。「こういうこともありますよね」とか「これはこういう風にすると，こういう風に困りますよね」とかそういう感じで。「やっぱりこれは，この日までに上げないといけないですよね」とか，相手に言わせるようにするとか。ただ押しつけたのって「やっぱりだめでした」って，ひっくり返されちゃうことがありますよね。相手に言わせたほうがいいですよ。今わりとそういう仕事だし。

——最初，中通路のところの煙のことで，設備のところを宛先にしたほうがいいとおっしゃいましたが，そうじゃない相手先，例えば人事とか総務とかに労働環境の一つとして問題を定義して，そこを相手先にするとは考えなかった？

　やりたければそういう……。だから，施設からいってダメだったら，そういう側面からいくっていうのは……。側面とは言わないか……？　さっき言ったみたいに，「これはこうだからこうじゃないですか」という感じで聞いていくとか，喧嘩をしないで質問で攻めていくようなやり方だと，さっきおっしゃったように，たまたま頭のいい人しかダメなわけだから，頭悪い人しかいない部署だったら，別のところからいかないといけないわけなんで。当然，私が煙のことにもっとずっとこだわりを持っていれば，SPでダメだった時点で他のやり方を考えたと思うんですけど，たまたま私のこだわりはその辺で終りだったということだと思うんですけど。

——例えば，きれいな空気のところで仕事をするというのは働く者にとっての当然の権利だろうという論の立て方，そこからスタートするというのも，考え方としてはあるし，実際そうやって働きかけている人もたくさんいると思うんですけど。その辺は？

　例えば，Ｆさん（？）みたいな人はそういう風にやりますよね。そういう時に，もちろん自分がその人の攻撃を受けなきゃいけない立場だったら，いろいろ悩ましいと

ころだと思うんですけど。逆に私が同僚で，私も実は煙が嫌いだったとしますよね。Fさんみたいな人が言ってる内容に実は賛成なんだけども，そういう下手な押し方してくれるのは迷惑だとか思うかもしれない。自分はもっとソフトにいくやり方を考えて，そっちの方がきっとうまくいくのに，ああやって押しまくる人がいると，それで皆頑なになって，「そういうこと言うヤツいるよな」とかいう雰囲気に一旦なっちゃうと，さっき言ったみたいに聞いていくとか，ただ聞き込んでいくというやり方が通用しなくなっちゃうんですよね，一旦そういう風にこだわられちゃうと。そうやってゴリゴリ正論で押して，実際は何か本音の部分で，そういうことするのは面倒だとか，お金がかかるとか，なんかしら障害があって，担当者がやりたくない気持ちを持ってたとしますよね。そうすると正論で攻められるともう理屈で，嘘でもそれに対抗するものを作っちゃうんですよ。筋が通ってなくても。「こうだからだめなんだ」みたいな。「こうだからこういうこともあるんだ」みたいな感じで。嘘でも，あんまり責められると，それに対抗するものをハリボテでも作っちゃって。そうすると今度，意地になって自分の言っちゃった手前，それを守ると話がややこしくなって。穏やかに聞いていくぐらいじゃ全然ほぐれなくなっちゃうから。だから，わたしがもしFさんの立場にいたら，ああいう人は迷惑だなって見ちゃうかもしれないですね。

——同じシマとか，近いところで仕事をしている人だったとしたら，「ちょっと待った」というようなことまでは言わない？

　それはその人との関係によりますね。たとえば私が今，なんせ4月に移ったばかりの部署ですからその隣のシマの人で，私と同じ仕事をしてる人なんですけど，そっちの方が先輩格なんですけども，私は入ったばっかりで。その人がすごく，例えば下請けの関係ですよね，その人はすごく押す人なんですよ。「こう言ったからこうしてくれなきゃ困るじゃないか，いついつまでに」という感じで，電話とかでも強烈に押す人なんですよ。ああいうの見てて「嫌だな」とは思うんですけど，それで何か言ったことはないです。それはもう全然親しくもないし，こっちは入ったばっかりなんで。その人がどう思われようが私の知ったことじゃないから，放ってあるということですよね。だからその人との関係によると思います。「そういう言い方しないほうがいいんじゃないの？」とか，そんなに近い間柄じゃないんで，その人が嫌われようが，仕事がうまくいかなかろうが，私の知ったことじゃないって感じで放ってあるけど。上司だったらなにか言うかも知れないですけど。

——ソフトなやり方とストレートな言い方と二つくらいあるとして，たとえば嫌煙権という概念をソフトな言い回しと絡めて，あるいはその中に権利的なことを混ぜていくというのは可能？

　ありうることだと思いますけど，なるべくそういうところを自分の口から言わないで，マスコミ関係が取り上げるのでもいいし，他の人から言わせる。国からの何かでもいいし。「あ，こういうのもあるよ」というふうに，なるべく自分の主張じゃなく見せたいですね。

——引用するような形で?

　国でもマスコミでもいいし。本当はそうやっていろんな人がいろんなことを言ってるわけで。とくにマスコミだったら見解が一致してるわけじゃないから,いろんな人がいろんなことを言ってるわけですよね。だから自分の意見に沿ったものもあるし,そうじゃないものもあるに決まってるけど。だからそこから切り取ってくるというのは自分が主張してるのと同じことなんだけども,それでもいいから。

——そうすると,「きれいな空気の中で仕事するというのは当然の権利だ」という風に言わないで,「何々と言われている」といったような形で言いたいと?

　ええ,最低限。

——そうしないと変に意固地になられたり追い込んだりすることに,経験上なると?

　経験上,だいたいよくない。そうやって,意固地になる喧嘩をしたのはだいたい夫となんですけど。今までの経験上。夫とか親とかね。会社ではそんなに強く出たことはあるわけじゃないですけど。親相手とか夫相手だと,そうやって冷静にやらないんで。会社とかいう場だとうまくいくように冷静に切り回すんだけれども,夫とか親とかは大抵そうじゃないやり方をするんで。いま偉そうに言ったやり方をあまりしないんで,大抵普通に喧嘩をするわけだけど。会社では一歩引いてできるから,大抵割とうまくいくかなと。

——仮にソフトなやり方でこれからもいろんなことが起こったときにやっていくんだとすると,その時に例えば権利とか条約,たばこに限らず広げていくと,こと日本において判例とかそれこそマスコミで日常で見聞きすることとか,そういうトピックと言うかデータが,自分にとってももちろん不都合でないデータは使えるものであれば,どんどん使っていきたいと?

　わりとそういうのは好きなんで,自分のなにか関心のあるネタはいろんなもの集めて,材料だけ置いてあっていつか使うために。

——どこかでこういうことが決められたとか,宣言されたとか,約束してるとか,検討してるとかというのは山ほどあるし,自分自身も他の人から見ればデータになり得ると思いますが,その中で法的な権利だとか,法的な世界での話というのは,他と扱いが違う?特殊性みたいなイメージはありますか?

　たとえば憲法があって法律があって,行政の通達とか,あと別個に条約というのがあって。でも一応批准されればそれを無視するということはないわけだから,それも一応力になって。あと判例という覆されるかもしれないものがあるけど,そういうものはマスコミのとは違いますよね。つまり一応,どれが正しいという御墨付きがあるわけだから。だから話がこじれちゃって決裂して,相手に頭のいい人がいなくて話分かってもらえなかった,とりつくシマがなかったとしても,最悪こと荒立てればここまではできるというその保証をしてくれるわけですね,法律は。必ず,交渉が決裂

しても私はここまでは守られているんだということを知った上で交渉していると，すごく違うんですよ，そういう言い方しないんですけど。「法律でこうなってますよ」という言い方はしないんだけれども，最低線を知っているとすごく交渉が違ってくる。そういう意味では，ただ新聞でこう載ってたというのとは全然違う。

▶§3__ 一つの解釈（その1）

冒頭で提示した問いは，1,000人規模の事業所全体の喫煙場所の屋外化が，P氏の事例のようなコミュニケーション上の遮断や問題を生むことなく，粛々と進んでいったのはなぜなのか，であった。

【1】 問題の非人格化（impersonalization）

P氏とM氏の事例を比較したとき，まず初発の問題設定がまったく異なっている点が注目される。すなわち，P氏が分煙の「必要性」を管理者らに「理解」させ，分煙「制度」をつくることを目指したのに対し，M氏は端的に，リフレッシュコーナーに置かれた喫煙場所に煙の処理「装置」をつけることを求めた。さらに，その申し出の相手方は，上司や上級管理者ではなく，匿名化された窓口（SP制度）であった。たまたま車内にそういう仕組みがあったからではあるが，上司に話してみることはあまり考えていなかった風である。別に上司に言ってもよかったが，設備の問題を上司にいったところでどこかの部門に回ることになるとの見立てが出発点にあった。

もちろん，この出発時点での問題設定と提示方法の違いだけで，その後の展開が決まったわけではないだろうが，〈問題化の方法〉の背景にある職場でのコミュニケーション戦略のようなものが，大きく影響したことは確かなことに思われる。

このケースで，喫煙に関する「制度」変更ではなく，個別具体的な「設備」変更を要求したことは，たんに問題の間口を小さくしただけのことではない。どこまで意図的・自覚的だったかはわからないが，M氏が取った方法は喫煙に関する要求に付きまとう人格的非難や感情的対立の要素を巧妙に回避することにつながった。つまり，M氏の職場における分煙の達成に，問題の非人格化・非人称化（impersonalization）という方略が大きく関与していたのではないかというのが，ここでの一つの仮説である。

もしこの会社で，分煙の意義や権利的な根拠を持ち出したとしたら，P氏と

同じような展開になった可能性は十分ある。本書では紹介していないが，ある会社のある課では，分煙に関して直接対面によるディベートが行われ，ふだん言いたくて言えなかった不満が爆発し，個人に対する非難や攻撃へと発展したS氏の事例もある（西田2000:114-116）。それほどまでに，たばこの問題は職場の人間関係に絡む厄介な問題であり，上司・部下，スタッフ部門とライン部門，同僚どうしをも分断する危険な話題でもある。

【2】 非人称化の意義

　もっとも，無用な摩擦を生むパーソナルな問題ルートを迂回するように，煙の処理設備を求めたことについて，それがたばこ問題だったからそうしたとはM氏自身は考えていない。

　むしろ，たばこに限らず職場で直面する問題全般について，ふだんから意識して行っている戦略のようである。無用な対立を避けながら場に強く働きかけていくというM氏の基本戦略は，インタビューの話題が偶然にも「喫煙」から「育休後の処遇」に移っていく中でさらに明らかになった。結果的に，〈私の仕事の進め方〉といったテーマに移行し，経験上生み出された職場での問題解決の手法をたくさん聞かせてもらうことになった。

▶ §4＿ 注目voice

　重要発言が次々出てきたが，たとえば次の発言は，喫煙や育休後の処遇といったトピックの背後にある，職場でどうやって物言いをするのかについての一つの実践知のようなものを示している。

　喧嘩をしたわけじゃなくて，「その時こう言ったのは，どうして」とかただ聞いてくだけ。それで変わって行くんです。言ってるうちに恥ずかしくなっちゃう。

　ただ聞いていく，どういうつもりでこうなったかを。その中に今納得いってないことがあったら，聞かれてるほうは自分の考えを話しながら，ここはこういうふうにマズいんだな，ということが分かるじゃないですか，人に話しちゃうと。

　例えば「ここにこういう通達がありますけど，これとこれとはあまり一致してないようですけどどういう風に考えていますか」とかきくと，そういうことに気がついちゃうと少しずつ変えるときもでてくる。

条約があって，「ここではこう言ってるけど，これとこれは合ってないような気がするけど，これについて変える予定はありますか」と聞いてみる。

　いろんな場所や場面で試みているこのやり方を，ただ聞いていくだけだと説明しているが，この「ただ」「だけ」にはいろんな意味合いが含まれているように思われる。そしてそこには，共同体的関係と権利的な主張要求の折り合わせの可能性も隠されているように思われる。として，それはいったいどういうものなのか。

▶§5＿＿　一つの解釈（その２）

【1】　権利と共同体的関係の折り合わせ

　「ただ聞いてくだけ」作戦の含意の一つは，「正論」をガンガン主張・要求しないということである。ここでの正論には，われわれにはこういう権利があるという主張も含まれている。具体的な構文としては，ある制度について，「変えてください」ではなく，「これについて変える予定はありますか？」「それはなぜですか？」と聞いていく。「変えてください」「変えるべきだ」「なぜ変えないのか」とストレートに言えばよいと思うが，M氏はその方法を嫌う。

　　嘘でも，あんまり責められると，それに対抗するものをハリボテでも作っちゃって。そうすると今度，意地になって自分の言っちゃった手前，それを守ると話がややこしくなって。

　売り言葉に買い言葉というカラクリに近いことなのか，有無をいわさない主張にはとりあえず対抗しようとし，あとは妙な一貫性の維持へと人を向かわせてしまう。いわばリズム芸のようなからだの反射が双方にあって，内容と無関係にエスカレートしていくメカニズムが働くことを指摘していると理解できる。一度この運動が始まると元にはなかなか戻れないのも理解できる。大川小学校津波事故における，学校・教育委員会の対応や説明の仕方にもこうした物語の一貫性維持，簡単にいえば引っ込みのつかなさのようなものが見え隠れする。大川小の遺族らの次のことばは，問題の本質部分を言い当てている。

　　ボタンを掛け違えた場所は分かっています。それを認め，やり直すべきです。遅すぎることはありません。（小さな命の意味を考える会2020:14）

ならば，どうすればこの運動を止められるのか。あるいは，この流れに向か
わせないようにできるのか。「ただ聞いてくだけ」作戦の目標は，相手に言わ
せることだという。

　　正論は相手に気がついてもらうと。「こういうこともありますよね」とか「これは
　　こういう風にすると，こういう風に困りますよね」とかそういう感じで。「やっぱり
　　これは，この日までに上げないといけないですよね」とか，相手に言わせるようにす
　　るとか。ただ押しつけたのって「やっぱりだめでした」って，ひっくり返されちゃう
　　ことがありますよね。

　こちらが全部言うのではなく，聞くだけ，そしてその後に相手に言わせると
いうこの作戦は相当高度なものにも見える。M氏は，言うこと自体を自己抑制
しているわけではない。言うことは言うが，そのとき「私」を出したくない，
という。メディアの記事でも，条約でも国からの通達でも，使えるものはどん
どん使う。ただし，できるだけ「自分の主張じゃなく見せたい」と述べる。喫
煙場所に排煙装置を要求したときの「非個人化・非人称化」は，語り手である
自分自身の匿名化をめざす。私が言ってるのではなく，メディアが，条約が，
法律がこう言ってますよね（実際にそういう言い方はしない，とも言っているが）。
それとこれは合ってないように思いますが，どう考えますか，とただ聞くだけ。
一方で無用に押し付けたり追い込んだりしない，という関係配慮を示しつつ，
他方では，「だけ」「しか」といっているが，相当に厳しい圧力で追及をしてい
く。おそらく，受け手が何かを言うまで，「聞くだけ」が何度も続くのであろう。
　言うまでもなく，このやり方がたとえばP氏のそれと比べて良いか良くない
かを問題にしているわけではない。問題の提示から人の要素を脱色し，かつ要
求者からただの質問者に退却し，語っている私自体もできれば消して腹話術の
ように場に働きかけていく方法は，権利主張が少ないといわれる日本において
はとくに，権利を共同体に折り合わせていく一つの可能な方法なのかも知れな
い（ちなみに，自分をかき消して脱人格化しようとするM氏のやり方と真逆のやり方で
共同体との折り合いをつけながら交渉を進めていくもう一つの事例は，第10章で検討す
る）。

【2】「わからない人」とどう付き合うか？

　もちろん，M氏の方法には限界もある。本人が語っているように，「聞くだけ」
から何かに気づき，言葉を返すところまで来るのは，氏の言葉で言うところの
「頭の良い人たち」であろう。この表現を受けて「頭の悪い人」という言い方

はできないので，少し緩めて「わからない人」と言い換えたとき，「聞くだけ」作戦はおそらく効かない。

　仮想の共同体では，みんなわかるはずだという前提でことが進められるが，現実にはむしろお互い「わからない人」として社会的関係を構成しているともいえる。そうだとすれば，互いにわからないもの同士が，どう関わっていけばよいのかという問いこそ，実践上の大きな課題である。

　権利と共同体に関する棚瀬の議論を少し呼び込んで考えてみよう。まず，権利主張の下敷きとなる社会イメージとして，「お互いが『わからない』，だから何かしていくためには話さざるをえないし，『話す』のであって，その社会はそれゆえ『討議共同体』のイメージに近いものになるであろう」（棚瀬2002:44）と述べる。これに対して，日本では，「話せばわかる社会が，その底に話さなくてもわかる」（同:44）という社会的想定があるという。その上で，日本では，「話さなくてもわかる　→　だから話さない　→　話さないからわからないと言う流れとともに，「わかる人が人であり，わからない人は人でないとして排除を受ける危険もある。」（同:45）として，棚瀬の議論は社会関係の機序を明るみに出す。

　「まさに誰をも排除せず，話し続けていくように人を仕向けていくもの」（同:45）として権利主張の積極的な面が提示されるが，〈現実的〉にそれは可能なのかとも棚瀬は問いかける。実際には，わかることしか話さない，「このわかることとは権利の言葉であり，結局私には権利がある，あなたには権利がないという，日常的なコミュニケーションを根こぎにしたrights talkが一人歩きしていくことにもなる」（同:45）と論じる。

　こうした「権利の構想がもつ限界を見据えた上で」，いかにして「対話と包摂という共同体の可能性を具体化」（同:46）することができるかという課題提起をしたあと，一つの可能性として「具体的な文脈の中で，具体的な他者と人が出会う」という〈場〉に意義が示唆される（同:48）。

　出会い方というこのヒントを受けて，本書のいくつかの事例検討にも即して展望するとき，ギリガンの調査に登場したエイミーの思考方法が想起される。

　妻の命を救えるかもしれない薬が高額すぎて買えないという条件設定のもとで薬を盗んでよいかどうかを問われたエイミーは，事情を話して安くしてもらえるかもしれない，というルール破り，すなわち問い自体の相対化を行い，やりとりや交渉の中での変化の可能性に賭けようと回答した（ギリガン:43-44）。

つまり,「わからない人」かどうかは,あらかじめ決まっているわけではなく,どうやってもどう言ってもわからない人も,接触の場の持ち方,出会い方,交渉や説得や理解の場の設定によっては何がしか変化する可能性もあるのではないか。

　あるいは,M氏の事例が示しているように,ある制度の趣旨や意義を理解できなくても,いま私の足の上に置かれているあなたの足を少し引っ込めてもらうというその限りでの最小単位化された行動変化の求めに応じる程度の変化の可能性はあるのではないかという仮説である。これは,基本的な考え方から変えるのではなく,細分化された小さな行動習慣を変化させることに焦点を合わせた,いわば認知行動療法的な考え方ともつながるものかもしれない。

　変化をどの単位で捉えるのか,わからない人という評価をいったん括弧に入れて,人ではなく変化を促す文脈や環境とは何かに視点を変えることは,一つの可能性かもしれない。この点については,第10章の最後の方で少し検討している。

【引用文献】

棚瀬孝雄(2002)　『権利の言説――共同体に生きる自由の法』勁草書房

キャロル・ギリガン〔岩男寿美子監訳〕(1986)　『もうひとつの声――男女の道徳観のちがいと女性のアイデンティティ』川島書店

小さな命の意味を考える会(2020)『小さな命の意味を考える(第2集)宮城県石巻市立大川小学校から未来へ〔第2版〕』

▶§6＿　法社会学的考察の糸口

　(1)　日常生活場面における権利の位置や意味については,上で引用した棚瀬孝雄『権利の言説――共同体に生きる自由の法』(勁草書房,2002)の第2章「権利と共同体」と同時に,同書第5章「語りとしての法援用」も重要である。法利用の自明性や優越性を批判し,今ここで法を持ち出すことの意味・コンテクストをも含んだ語りや対話の意義へと導く考察過程から,権利と社会関係との関わりを考える上での重要な視点を学ぶことができる。

　(2)　職場の喫煙問題に関する事例紹介,とくに本章で取り上げていないディベートのケースについては,西田英一「喫煙をめぐる職場秩序」棚瀬孝雄編『た

ばこ訴訟の法社会学』（世界思想社，2000）を参照されたい。

　(3)　わからない人とどうやって関わり・問題解決をしていくかについては，広い意味での交渉論の中にいろんなモデルを見つけることができる。その中でもとくに，R. フィッシャー＆W. ユーリー『ハーバード流交渉術』（三笠書房，1989）は，表層的な交渉テクニックではなく，さまざまな実践に対する深い洞察の集積であり必読書である。本章のM氏の脱人格化戦略，つまり人と問題を切り分けるという戦略は，じつはこの『ハーバード流交渉術』が提唱する交渉モデルの基本原則の一つ「人と問題を切り離す」でもある。

　(4)　法社会学の分野でも，交渉は問題解決実践や理論にとって不可欠の契機である。和田仁孝『民事紛争交渉過程論〔増補第2版〕』（信山社，2020）は，交渉を当事者が問題解決に向かうときの本質的な営みと捉え，いわゆる示談交渉などの当事者間交渉だけでなく，訴訟においても当事者間の関係や代理人とのやりとり等をも含めた重要な解決基盤であることを強調している。

　(5)　こうした当事者間交渉を基礎にした紛争解決モデルのエッセンスを，具体的な場面での思考方法とともに知るには，和田仁孝・中西淑美『医療メディエーション──コンフリクト・マネジメントへのナラティヴ・アプローチ』（シーニュ，2011）が有用。交渉には，他者の行動への共感や想像力も必要になるが，それらを生み出すための知的な方法・スキルが提示されていておもしろい。同じ趣旨で，鈴木有香『人と組織を強くする交渉力〔第3版〕──あらゆる紛争をWin-Winで解決する協調的交渉術』（自由国民社，2017）も示唆に富む。

　(6)　そもそも紛争とは何か，そのことを徹底的に当事者の視点に立って考えたとき，ADRを含む紛争処理は，たんなる処理機関ではなくなってくる。当事者による問題の意味づけを中心においた解決の支援とは何かを臨床的な視点から探究する和田仁孝『紛争過程とADR〔法臨床学への転回　第2巻〕』（北大路書房，2020）にも挑戦してもらいたい。

▶§7＿＿　余談：インタビューの経験
目論見がはずされたのではなく，こちらの目論見が最初から間違っていたことに後から気づく経験

　インタビューに出向いていって，ほとんど話してもらえないのは当然困ることである。阪神淡路大震災後に，地域の自治会長をしておられた方に地域防犯をテーマにヒアリングに伺ったときもほとんど実質的なことは話してもらえなかった。戻ってから手元のメモがスカスカだったのを見て改めて落胆した。こ

のときに聞けたのは，とにかく話したくない，もう思い出したくない，という言葉だけで，何があったのかは話してもらえなかった。よほどのことがあったのだろうということだけは確実に知ることができた，という点ではそれなりの意味はあった。

　では，たくさん話してもらえたら良いかというと，そうとも限らない。とても協力的にたくさん話してくれるが，こちらが予定していたテーマからどんどん離れ，話が曲がっていくことがある。熱心に話してくれているのに，話題を元に戻す勇気は出ない。そうならないようにと，最初に「本日伺いたいこと」のメモを渡してある場合でもなかなか言い出せないし，言えてもまた話題は逸れていく。

　ところが，こうした逸脱のなかに，後から大事なものを発見することがある。本章のM氏へのインタビューもその一つである。何年も経って，テープ起こしした書類を再読し，話が脱線していったと思っていた発言こそ自分のテーマの急所だったと気づく。インタビュー中は目論見がはずされたと思っていたが，こちらの目論見の方がはずれていたことに後からあとから気づいて恥ずかしい思いをする。インタビューは，怖くて不思議な経験である。

第7章 __ 共同体の急所〈恥〉を衝く声

▶§1__ 語りを聞く（その1）

　第4章では，分煙を求める市民運動家のP氏が，自身の職場の全面禁煙を求めた事例を紹介した。職員へのアンケート結果をもって人事部や組合の長に働きかけたが，実質的な話し合いの手前で跳ね返されてしまった。

　本章で紹介するのは，同じように社員のアンケート結果をもって人事部長に職場の禁煙を働きかけたT氏の事例である。この事例も人事部長に軽くあしらわれたところまではP氏と同様であったが，その後はまったく違う方向に展開していった。まずは，その経過を時間軸に沿って見てみよう。

【1】「君，ボスニア・ヘルツェゴビナの内戦，知ってる？」

　T氏の勤務先は国内各地に事業所をもつ大企業で，彼女は社員の健康管理業務を担当していた。T氏は，以前から懸案であった喫煙対策について全従業員を対象としたアンケートを行い，その60%が職場での喫煙規制を望んでいるという調査結果をもとに分煙計画書をつくり人事部長に説明に行った。一通りの説明を終えた後，部長からいきなり次のように言われた。

> 人事部長「君，ボスニア・ヘルツェゴビナの内戦，知ってる？」
> 　　T氏「え，何のことですか？」
> 人事部長「いや，あの内戦はね，各国が干渉しなかったらあんなにひどいことにはなっていなかったよね。」
> 　　T氏「どういうことですか？」
> 人事部長「だから，たばこもね，各室に任せておけばいいんだよ。変に人事部が絡むとよけいに中で人間関係がもめて大変なんだよ。」
> 　　T氏「でも今すでにたばこ吸わない人と吸ってる人の人間関係が悪くなって私のところにクレームが来ていて，今回の計画もそのために提案させてもらったんですけど……」

結局，部長の考えは各部署に任せるということで変わらない。ボスニア・ヘルツェゴビナ発言にカチンときたT氏は，トップダウンでは無理だと考えボトムアップで行くと決めた。週1回やってくる嘱託の産業医と相談し，T氏が管理者として運営している健康に関する社内ネットワーク上のフォーラム（社内限定の掲示板）に次の問いかけをすることにした。

　　「周囲の人が喫煙している中で，妊婦さんがマスクをして仕事をしている職場があります。みなさんは，どう思いますか。」

　T氏としては，ここでいきなり分煙を提案するつもりはなく，実際自分が職場で見かけた場面をそのまま提示し，まずは意見を聞いてみようという考えであった。

（T氏）
　趣旨は，分煙をしないといけないということは言ってないんですけど。その前にもフォーラムでやっぱりたばこのことが時々は上がってたんですね。で，そういう問題もあるし，あと，健康管理の立場としてもそういうクレームがあるし，妊婦さんが職場でマスクをして仕事をしてるというのを見てたということで，分煙をここで一気に進めるということではなしに，是非意見を聞かせてほしいということを上げたんですよ。

【2】　予想外の展開

　しかし実際この問いかけには，予想を大きく上回る反響があった。全国の事業所から連日500件以上のアクセスがあり，さまざまな意見が投稿され，やがて激論へと発展していった。

　これまで職場で言えなかった不満や苦情，喫煙者への挑発，喫煙の是非論などが一気に開封された。同時に，各職場でのさまざまな試行錯誤の報告，成功例や失敗例の共有も進んだ。そうこうするうち，具体的な対策を始めようとする事業所・職域も現れ，「うちの部署でも禁煙にしたい」「空気清浄機が要るが，総務に買ってもらった方が良いのか」といった具体的な予算に関わる話題が出るまでになった。

　話題が備品や部屋の改修等の予算問題に及ぶにつれ，総務室長もネットに引きずり出される形で登場せざるを得なくなる。とりあえず意見を聞いてみようと始めたことが制御不能なまでに動き出し，T氏は怖さも感じたという。あるとき，一人の有力な役員の発言で，議論はひとまず収束に向かうことになった。

この役員は，1,500人規模の事業部の部長で，当初からフォーラムの議論状況を見守っていたらしいが，2か月ほどたった頃，「そんなごちゃごちゃ言ってないで，とにかく分煙をしてしまいましょう。」「もう実行に移してもいいんじゃないですか。うちの部署は禁煙にします。」との投稿を上げた。

　途中，フォーラムの存在自体を批判する投稿やメールもあったが，結果的にほとんどすべての関連部署を巻き込む，アドリブでの一大プロジェクトとなった。

【3】　決めゼリフ「会社の恥ですよ」

　じつは，このフォーラムでの問題提起のずっと前から，組合と会社側で構成された安全衛生会議という組織があり，月1回喫煙対策が検討されていた。いわゆる，旧労働省のガイドラインに沿った全社的対応である。T氏もメンバーに入っていたが，会議全体としては，しょせん完全禁煙なんか無理だから少しずつ10年くらいかけて進めていったらいいんじゃない，というような空気だったという。しかし，フォーラムでどんどん話が進んでいくにつれ，「どうしたらいいんだ」「このままいったらどうなるんだ」と「みんなオロオロ」し始める。

　T氏は，この会議に伊佐山芳郎弁護士からもらった職場での喫煙に関する訴訟資料を提示し，「やっぱり会社としてリスクマネジメントは必要ですよね。」「たばこに関しては，従業員から訴訟を起こされないように，今からリスクマネジメントをしておきましょう，今が大事ですよ」と，強く全社的分煙化を迫る。「妊婦が異常分娩をしたら訴えられる可能性があります。こんな一流企業がそんなことになったら会社の恥ですよ。」とのダメも押す。

　結局，コツコツあるいはまったりと積み重ねてきた安全衛生会議での公式の議論は，フォーラムの激論に一瞬で追い越され，それに後追いする形で全社的な禁煙政策が決定されることになった。形としては，フォーラムでの議論の3か月後に，組合からの要求として「空間分煙を実施されたい」との申し入れがなされ，会社側からは禁煙スペースの確保や喫煙者の権利保護等々を考慮した上で具体的に検討したいとの回答があった。実際，その半年後に指定喫煙場所以外の禁煙制度が全社的にスタートすることになった。

▶§2__ 注目voice 「もし社員が異常分娩にでもなったら，会社の恥ですよ。」

　もちろん，分煙が達成されたからといって，第5章のP氏と比べ，T氏のケースを成功例と位置づけるわけではない。しかし，職場での働きかけの声が抑圧や自己抑制によって発火前に封印されたのに対し，最初の着火の一点が野火のように多くの声を呼び込み拡大していったという点で鮮やかな対照をなしていることは確かである。

　この展開の違いはいったいどこから来るのか。両ケースとも，最初にアンケート結果をもって人事部長のところに行き，どちらもきちんと相手にしてもらえなかった。P氏の場合は，あくまでもトップダウンにこだわったが，T氏はボトムアップに方針転換した。その際，メディアとして社内ネットワークが使われたことは，対面交渉によって無用にパーソナルな問題に曲がっていくことを回避する効果を生んだかもしれない。

　そのフォーラムでの初発の問題提起において，喫煙の是非論や分煙提案といった理屈ではなく，マスクをして仕事する妊婦の〈姿を呈示〉したことも反応を呼ぶことに貢献したかもしれない。

　しかし，本章で注目したいのは，いわば非公式のフォーラム上でどんどん社内世論がつくられていくのを見てオロオロし始めた部課長らに放った「もし社員が異常分娩にでもなったら，会社の恥ですよ。」の一言である。

▶§3__ 問い 何が，全社的方針決定をもたらしたのか？

　ボスニア・ヘルツェゴビナ発言で悔しい思いをしたことを考えると，T氏にとってこれは胸のすく一言であったであろう。いずれにせよ，最初人事部長に門前払いにされ，安全衛生会議では10年後になんとかといったまったり感で議論されていた分煙化が1年足らずで実現したのは，どういった事情や力が作用したのか。その際，法・裁判はどう関わったのか。ここで，インタビューの記録を見ておきたい。

▶§4＿ 語りを聞く（その2）

——例えば権利，嫌煙権という言葉，コンセプトが20年くらい前からありますが，実際に職場で話をするときには，Tさんの働きかけとしてはどうでしたか？

　権利としては話を持っていきませんでしたね。それはごく当たり前のことという気持ちもあったんですけど。なんというかうちの会社独自の風土があって，権利とか義務とかをあまり出さないような。

——嫌煙権という言葉はたくさんの人がご存じだと思いますが，例えばひとつの小さなシマの中であれ，あるいは全社的なものであれ，権利としての語りというのはほとんど無かったですか？

　ないですね。よほどすごく仕事の事とかで何かを注意するにしても，よほどのことをしないとまず注意されませんし，注意するときも本当に回りくどく，飲みに誘って優しく諭すというような，そういう風潮があって，権利・義務を中心に話を進めるということは。

——すると，インフォーマルに話すのはわりと言いやすいんだけど，ストレートに話をするときには，どういう話し方をするんでしょうか。

　すごく少ないんですけど，年配の女性で独身で働いてる方がひとつの部に一人くらいはおられて，女性の間では「あんなことまで言わなくても」と後ろ指をさされるんですけど，そういう方が泣きそうになりながら「絶対にやめてほしい」というようなことを訴えられると，「じゃ，考えてみましょうか」という感じになるんですよ。「君達の，女性の髪の毛も邪魔だし香水も臭いし，そんなのたばこよりもずっとこっちは迷惑だよ」と，普通はそんな感じで話を逸らされてしまうんですね。年配の50くらいまで頑張って働いてる方がその部署の，課の中で小さなミーティングが月1回くらいあるんですけど。自分は一か月こういう仕事をしていくので皆さん協力してくださいとか，そういうのを話すときに，若い女の子は文句はしょっちゅう言ってるわけですよね，たばこ嫌ですとか。でも，そこではっきり言うっていうのはやっぱり年配の女性の方で。その方がかなり怒って半分泣きながら訴えられるという。普通の場合はそうですね。それでもうやむやにしてしまうか，心が動いた管理職は「じゃあ，場所を分けよう」とか「時間で制約つけよう」とか動いてくださる方もあるんですが。そういう訴えの仕方でしか。訴えるというのは裁判ではなくて，訴えかけるという意味です。

——どこの職場でも，「嫌われたくない」というのがまずあるようなんですが，権利として主張することが何故だめなのかというのが疑問なのですが？

嫌われるとまず，話がすぐ上でストップしてしまうというのがまずありますよね。権利・義務っていう言葉を出すと，私もこの会社に入る前の会社は歯に衣着せずに話すような感じだったので，その調子で持っていくとすごくモロに嫌な顔されるんですね。相手が嫌な顔されるともうそこで話はストップなんですよ，いくらいい企画をもっていっても。

――でも，権利として話すのは，別に温和に話することも可能だと思いますが？
　私も海外で仕事をしたことがないのでよくわかりませんが，権利・義務という言葉自体があまり小さい頃から使われてないので，向こうがカツンとくるということと，あまりいいイメージを持たれていないような感じがするんですよね。当たり前のことなんですけれども，権利とか義務というのは。私も男性の管理職になったことがないのでわからないですけれども，あまりいい意味で，特に人事なんかだと長年の経験から，権利・義務と訴えてきた人間のイメージがよくなかったんでしょうか。例えば，社畜といわれるように会社のいうことをきいてそのまま仕事をしてる人間，権利・義務とか言わないで働いてる人は，人事にとってすごく有り難いですよね。そういう人には給料もたくさんあげて。だからそういう人は会社にとってイメージのいい人間なんですね。だからそうじゃないことをする，特にそれを言うのが女性だったりすると，「何も仕事もしないで権利とか義務とか」と。それはもちろん男性が与えてないから，この会社の女性というのは雑用ばかりなので，「そんなこと言うなら一人前に仕事をしてから権利・義務を言え」と全然違う次元なんですけれども，そういう話になってしまう。

――仮に，一人前に仕事をしてる人ならOKになるんですか？
　この会社の場合は職位によっては了解されると思います。例えばさっき出てきた役員さんなんかはものすごくはっきり言われる方なんですけど，この方だったら権利・義務で当然通ると思います。

――逆にその方だったら，権利・義務と言わなくても通るかもしれませんね。ステータスのあるなしにかかわらず，逆にあまり有効ではないと？
　そうですね。逆に使わないほうが，会社によってはものごとがうまくいくという。権利を他の言葉に置き換えたほうが。

――伊佐山芳郎弁護士のところにご相談にいったというのはどういうきっかけで？
　今，医療訴訟も多いですよね。特に産業保健なんかだと活動する分野が広く浅いので，例えば，中に診療所とか病院をもってませんので，診療所を紹介したりしたら，紹介した先で医療事故が起こっても，訴える方はよりお金が取れるほうを訴えてきますので，小さなクリニックを訴えるよりも会社を訴えてくる。そういう傾向にこれからなってくるからというメディカル・リスク・マネージメントの教育をある保険会社

のメディカル・サービス部というところの薬剤師さんなんですけど，アメリカのほう
で病院経営されてて日本に帰ってきてあちこちでそういう研修会されてるんですけ
ど。その人に訴訟のことだったら分かるかなと思って連絡したんですけども，たばこ
のことはちょっとわからないということで，厚生省の方を紹介してくださったんです
がその方も訴訟の具体的な例は知らないからと，伊佐山先生を紹介してくださったん
ですね。

——伊佐山先生からは基本的にどういうことを？
　直接，秘書さんに電話して。電話とファックスでしかやりとりしてなくて，私が休
職に入るときに，今，労働省の中小企業向けのストレス改善の研究会の研究員をして
いて東京にいく機会があったので，その時に「ちょっと休職するんです」とお会いし
たのが初めてお会いしただけなので。

——伊佐山先生からは具体的にどういうヒントを？
　確か，訴訟の例を頂いただけで，あとは裁判の資料をいただいて，特に企業の中で
こう動いた方がいいというような具体的なアドバイスは無かったです。

——ところで，フォーラムの投稿の中に，喫煙者にも喫煙する権利があるという話は出てきまし
たか？
　出てきました。かなり勇気をしぼって出されたと思いますが，ちょっと文章が言い
訳じみていた気がして，やっぱり他の意見に押し切られたという感じだったと思いま
すよ。

——ひとつの意見が集中砲火を浴びることはなかったですか？
　というか，それはすごく注意しました，私の立場として。

——ネット上の罵り合いってあちこちでいろいろあって，訴訟にもなったりしてますが。
　すごいですよね。納得できるようなことを書いてるんだけど，納得できない。権利
をこのひとは書いてますね，権利というか法律的にはたばこを吸うことは……。

——「（筆者が記録を読んで）喫煙が有害であることは承知している。認めている。自分では不可
欠。ないと生きていけない。法律的には何も罰則はないです。それなりの配慮は心掛けます。決
して人には迷惑をかけません。」と。
　結局，こういう人ばっかりじゃないからきちんとしようとしてるんですけど。やっ
ぱりこれはこの人自身の「自分は違う」という言い訳みたいな。

——だけど，ひとつひとつの場面における配慮，たとえば子供がいるとか，妊婦さんがいるとか，
そういう配慮ができればそういう分煙環境を作らなくてもいいということですか？

きっちりみんなができればいいのかなと私は思うんですけど，法的に規制しなくて
も。でもそれはあくまで，知ってる人であれば注意するけれども，とくに日本人の場
合，知らない人だったら嫌な顔されても済んじゃうとか，ということがあまりにも私
の身の回りで多すぎるので。注意すれば逆に暴力をふるわれるとか。気の弱いという
か，注意してくださる方はごく一部で，その人が常に回りに注意して吸っているかと
いうのは疑問ですし，やっぱり我慢できない時は子供がいても吸うでしょうし，中毒
ですのでね。

──すると，そのときどきの配慮もしくはやりとり，例えば「この場ではちょっと控えてください」
とはなかなか言いにくい事ですが，それよりもある程度職場なら職場でなにがしかのルール化を
して，その時々の人の構成とは関係なくたばこはアウトだよというほうが実際的ですか？
　そうですね。今，喫煙者全員が配慮してくれないような世の中ですので，政策か何
かできちんとしないといけないと思います。何よりも，日本人の喫煙率が減れば病気
が減って医療費が云々という話も，ちょっと話がそれますけど，ありますし。

──制度化に至るための道筋があると思いますが，Tさんの会社ではどういうやり方でしたか？
　あくまで主語を会社にしましたね。日本の男性の喫煙率が6割で，この会社が46%
でかなり低いんですけど，それでもやっぱり喫煙が関係してる病気が多いんですね。
だから喫煙率が減ると従業員の健康の度合いが高くなって生産性も高くなるし，医療
費も安くなるから，喫煙率がさがるということは会社にとってはすごくいいことです
よとか。あと，リスクマネジメントのことも。あくまで人事の人というのは，会社の
評判とか，いくらこの会社が人を大事にする会社だといっても，人より会社がすごく
大事で，だから会社を主語にして働きかけたということですね。

──ある地方の営業所の話ですが，「ここを禁煙にしてください」といえば言えないことはない。
そして言えば必ず禁煙にしてくれる。だけど言わない。自分のためにみんなが毎日我慢してくれ
ることの方が，気づまりでしんどいと。変に気まずくなりたくないという複雑な思いもあるよう
ですが？
　何か変にスパッと言っちゃうと，自分のこともすごく指摘されるんですよね。全然
関係ないことを。例えば室長のたばこをやめて下さいと言ったりすると，そんなこと
言ったって，女の人の香水のほうが臭いし，髪の毛だって長いの邪魔だしとか。別に
私じゃないんですけど「女性全般そうなのに女性はたばこの煙を」と変に話がすり替
えられてしまって，変な議論になってしまって。だから言ったらおしまいですよとい
う，あくまで個人攻撃に向いてしまうとね。

──訴訟を通じた展開は職場における活動にどういう効果がありますか？
　労働省が出した喫煙のガイドラインと同じような役目だったと思いますね。例えば，
世の中の動向がこうなってるというひとつの指標だと思います。会社側には，「ガイ

ドラインも出ました。こういう訴訟も起きてます。だから会社側もこうすべきじゃないでしょうか」というひとつの材料にはなるかなと思いますけど。法律もその中に入るかも知れませんけど、「法律がこう変わりました」と。強制力を持たない法律ですね。業界の動向をすごく気にしますので、他社のデータを出せばより動くという感じですね。

▶§5__ 一つの解釈

【1】「出会い方」の転換：激論から社内世論の形成に向かわせたもの

　長い歴史と伝統をもち、全国の事業所に従業員1万人以上を抱える大企業の動きはいかにも重々しい。10年かけてできれば良しとする安全衛生会議。個々の事業所や部署の自治を尊重するという名目のもと、放置を決め込む部長たち。誰も、自ら動いて責任を負わされることをしようとはしない。それもこれも、伝統的なムラ社会で波風立てずに生きていく術なのかもしれない。

　こうしたことを考えると、「周囲が喫煙する中で、妊婦さんがマスクをして仕事をしている職場があります。みなさんは、どう思いますか。」という問題提起が、もし安全衛生会議その他の通常のルートでなされたとしても、1年で何かが決まるようなことにはならなかったと思われる。

　その意味で、社内ネットにこの問いかけメッセージを上げたこと、つまり通常とは違うチャネルを使ったことの効果は大きかった。というよりも、タコツボ化し閉塞したコミュニケーション回路に穴を開け、そこから吹き出した不満や提案をランダム衝突させでもしない限り、いつかなんとかしたい問題のままで終わっていたようにも思う。

　計算尽くではなくギャンブル的に始めたことではあるが、T氏の問題提起の実践は、人や問題の「出会い方を変える」ことで変化が起き得ることの証明でもあった。ネット上の書き込みが、日常のタテ社会の掟から社員を自由にしたことは確かであろう。

　しかし、最終的にこれを社内世論として決定づけたのは、影響力をもつ有力役員の一言であったことは見逃すことはできない。つまり、社内フォーラムという新しいツールは、それまでになかった新しい人と人、人と部署の交流を促していったが、基本的には、歴然とした上下関係という共同体のメカニズムによって動いていることも明らかである。

だからこそまた，「妊婦が異常分娩をしたら訴えられる可能性があります。こんな一流企業がそんなことになったら会社の恥ですよ。」とのT氏のダメ押しも繰り出された。最後は〈恥〉で落とすのかあ，という小さな意外性となるほど感のようなものも感じるが，共同体的なしがらみの中にあって，使えるものを使いながら変えていくという戦略的な身動きと認めることができる。

【2】　法・権利・裁判の使い勝手

　つまり，T氏が嫌煙権運動で有名な伊佐山芳郎弁護士からもらったという裁判資料も，恥あるいは共同体外部からの非難や評判システムを利用した戦略資源である。権利や法的判断に含まれる価値の承認といったものではなく，端的に難や不利益を避けるという思考に訴えるものとなっている。

　第5章のP氏が嫌悪した懇願のポーズは，正々堂々とした権利主張的な物言いとは真逆の，伝統的共同体組織に阿る日本人的な姿を連想させる。対する本章の事例は，社内ネットワークを使った草の根運動的な活動にも一瞬見えるが，有力者の一声で形勢が決まったり，恥への訴えかけなどをみると，日本的土壌の上で起こったことのように見える。

　もちろん，こうした戦略的な法利用・法援用が特殊日本的なものかどうかは改めて検討すべき問題であろう。日本人の法意識を論じるにあたって川島武宜がモデルにした西洋近代の順法精神は，「或ることが法規範によって命ぜられているという・ただそのことのゆえに，その法規範を順守する」（川島1982: 113）精神であった。

　そして，この順法精神は，自己を「何人にも隷属せぬ独立の存在者」として意識し（主体性の意識），「外部的事情」ではなく「価値という行為者の内部的条件」から行動選択をする（内面的自発性）という，2つの精神的基盤の上に成立する。この理想化された法への態度からすると，T氏の事例だけでなく，他の章で紹介する人びとの戦略的ないし便宜的な法の使用や期待は，前近代的なものと評価されることになるだろう。

　逆に西洋近代社会に目を向けたとき，主体性の意識はともかく，外部的事情を計算した行為選択，戦略的な法利用はむしろ積極的に行われているようにも思われる。はたして，権利主張は，「個として自律した主体」でなければ使えないものなのか。あるいは，西洋であれ日本であれ，何らかの現実の共同体的な関わりを生きるとき，権利をどのように位置付ければよいのか。

　ここでこれらの問いについて考察する余裕はないが，一つの見通しは，権利

と共同体についての棚瀬の議論の中に示されている。むしろ，権利と共同体を
たんに対立的に捉えるのではなく，「権利を関係づけの中に取り込んで日常化
する」ことが必要であり，そのためには，「共同性の原理を同時に組み込んで
複雑な関係を維持していく必要がある」（棚瀬2002: 8）と説いている。

　権利は，究極的には私には権利があるとただ言えば済む潜在力となって現れ
ることになり，そのままでは共同体的な関わりを破壊することになる。権利と
共同体とを相容れないものとしておくのではなく。権利主張や法援用をむしろ
共同体的な社会関係の中に折り合わせていくことは可能であり，また必要であ
ることを強調する。

　この考え方を本書の事例に引き写していえば，権利だから認めよといった訴
え方ではなく，なぜいまここで権利を持ち出すのかも含めて，生活の言葉での
法利用の意味の説明・理解が求められているということではないかと考える。

　もちろん，現実にこの折り合わせを行うことが簡単でないことは本書のいく
つかの事例に示されているところである。権利的な主張をしようとするだけで，
露骨に嫌な顔をされ，「人にものを頼む態度じゃない」と対話が遮断・停止し
てしまう例は，本章のT氏，第5章のP氏，その他の事例等，随所に見られる。
そのとき，権利の言葉の門前払い的跳ねつけによって対話拒否された人びとは，
対話による権利と生活の織り合わせを超えた直談判へと追い込んでしまう。た
とえば人事部長にあしらわれたP氏のは，それならいっそ号令一下，トップダ
ウンでとして首長の元へ直訴に向かった。結果的に成功しなかったが，仮に功
を奏したとしても，権利的なものの生活文脈への織り込みとしての対話性は放
棄されていく。

　喫煙者・非喫煙者双方を含む，つまり数千人の職員全員の就業に影響を与え
る政策ということであれば，結果の是非とは別の，手続的なあるいは広い意味
での了解の調達という点でも，やはり対話の要素は必要に思われる。

　その意味で，法律や条約その他の外部情報を使い，無用な人間的な摩擦を回
避しながら組織と交渉する第6章のM氏のvoice戦略や，徹底していまここの
状況に足場を置いて交渉しようとする第10章のC氏のvoice戦略などは，共同体
的関わりの中の〈声〉の一つの可能性を示しているように思われれる。

【引用文献】
川島武宜（1982）『川島武宜著作集　第4巻（法社会学4）』岩波書店

棚瀬孝雄(2002) 『権利の言説──共同体に生きる自由の法』勁草書房

▶§6__ 法社会学的考察の糸口

　上で触れたように，権利主張を含む人びとの法意識と法行動について考える
ときの出発的として，川島武宜『日本人の法意識』(岩波書店, 1967)は重要である。
　同じく上で述べた，権利の共同体的関わりへの織り合わせや，法を援用する
語り等々のコンセプトは，棚瀬孝雄『権利の言説──共同体に生きる自由の法』
(勁草書房，2002) の「法と共同体」「語りとしての法援用」の論考から借りた
ものである。同書は，共同体主義の立場から，一般に対立関係にあると理解さ
れる権利と共同体について，その緊張関係に内在する問題とその克服のあり方
について，理論的考察とともに実践的な分析と提案がなされていて，必読の一
冊である。
　同時に，棚瀬孝雄「順法精神と権利意識」木下富雄・棚瀬孝雄編『法の行動
科学』(福村出版, 1991) も必読。そこには，法を社会関係を規律する普遍的ルー
ルとしてただ尊重するという順法精神を批判し，むしろ自己の関心や利害に引
きつけて法を利用しその意味を相互に問い直すプロセスの中から，人びとの主
体性と法の反省性とが生み出されるとする深い洞察に満ちたビジョンが展開・
提示されている。

理不尽に対処する声

女性と仕事

第Ⅲ部では，女性が仕事をする上でどんな困難に直面しどう乗り越えようとしているのかについて，語りデータの解釈を通して考察していきたい。

　第8章〜10章で取り上げるのは，いずれも1999年ごろインタビューした事例である。時代的には，1986年の男女雇用機会均等法の施行のあと，その反射として総合職／一般職というコース別雇用管理制度が多くの企業で取り入れられていった時期である。女性の時代といった掛け声やムードの後のバブル経済の崩壊，景気後退，リストラの嵐。混乱と不透明の時代に，出産や育児といった重要な生活場面と職場での居場所確保とに奔走しながら，さまざまな苦労にどう対処したのかに焦点を当て，日常生活世界における法の意味や位置づけについて検討してみたい。

　それに続けて第11章では，一つの応用・発展問題として，「男性の育休取得」の事例を追加的に取り上げる。均等法施行から30数年，ちょうど一世代後の男性が育休をどう経験し，それを職場がどう受け止めているのかを，2020年に行った授業内インタビューを素材に検討する。

第**8**章__ 権利があっても，使えない

　まずは，産後 8 週間で，育休を取らずに職場に復帰した女性（Y氏）の事例である。インタビュー当時（1999年）も，1 年間の育児休業取得は権利として認められていたが，彼女はそれを使わなかった。正しくは，使えるなら使いたかったが使えなかった，というべきケースである。

　権利がある。でも，実際には使えない。どういうことなのか。明らかな違法状態は論外としても，実質的に権利行使できなない状況は現実にたくさんある。

　本章では，最初に大きな問いを立てることをせず，まずインタビュー記録を読んでから，その中のいくつかの発言に注目し，その意味を考えていくことにする。

▶§1__ 語りを聞く

　――お子さんは，保育園は何か月からでしたか？
　いえ，まだ今，母が見てくれてるんです。だから有り難いんです。

　――保育園は，いずれどこかの時点から入れる予定ですか？
　たぶん 2 歳くらいまでは母が見てくれると思うんで。

　――お子さんは，今おいくつですか？
　11か月です。去年の12月に職場復帰しましたから。10月に出産して。

　――それは原職復帰ですか？
　原職復帰です。同じここのポジションですね。ただ，育児休業ってありますね。1 年間取る権利はありますけど，このポジションに戻れないんです。1 年間休みをとるとこの職場に戻らずに違う部署へ行く。

——それはなぜ?

　1年間私がいないと誰かがここをカバーする人がちゃんと出てきます。確立されます。だから，「あなたは出てきても，今は企業なんてリストラで大変ですから，余分に抱える人はいりません」ということで他部署の足りない所に行くんです。それが数年前だったんですけども，ここ最近はもう出向です。うちの会社も出向という形で，女性が。

——現実問題として，1年間まるまる取っている人はいないということですか?

　いえ，取って出向するか，それが嫌ならもう辞める。

——どちらの選択のほうが多いでしょう?

　たぶん，私の聞いた範囲では，今苦しいですから，出向しても残るという人が多いですね。

——出向だと，通勤時間的にすごく遠くなるということはないですか?

　そういう不利なことは会社もしないみたいですね。それよりも，業務が変わるしんどさプラス会社が変わるという心の部分の両方の大変さがあるでしょうね。私は育児休業をとるつもりがなかったものですから，出向は関係なく，一人目のときも産後8週間で職場復帰しましたんで，そんなに抵抗はなかった。一人目もはっきり言って母乳を止めたんですけども，一人目のときは涙が出るほど，母乳を止める薬を飲んだときには，「あぁ，私は母親失格だ」というすごい悲しい思いをしたんですけど，二人目になると母の強さでしょうね，「止めても私は働くんだ」という意志が強かったもんですから止めましたけども。

——すいません，その母乳を止めるというのは……。

　産後8週間で職場復帰するのに，母乳を止める薬を出してくださいと言ったんですよ，私。そしたら，産婦人科の先生が母乳を止める薬は出さないと言われたんですよ。「そんなもったいないこと。僕は出したくない。もう1回考え直してくれ」と言われたんですね。「女性が職場復帰して産後1年未満は育児，母乳を与える時間帯が権利としてあるはずだ。そういうものを会社が言ってくれなかったら僕が手紙を書こうか」と産婦人科の先生がおっしゃったんです。だけども私は「結構です」ということで，別の女性の先生の所にいって，母乳を止める薬をいただきました。それはなぜかというと，私のところの部では，このポジションでは母乳を与える時間を下さいと言ったらもらえる上司ばかりです。だけども自分の業務が，「早く帰りたい，5時までに帰りたい」という中で，搾るのに30分かかって，午前に30分，午後に30分，その1時間分，時間が足りなくなるんです。そしたら結局，回り回ると母乳を搾るしんどさと仕事が残ってくるしんどさと合わせると，私は母乳を止める選択をしたんです。で，止めて，今はミルクで子育てやってますけども。

——そういった大変な思いをしなくてすむよう，均等法とかその他法律にどんなことを求めますか。

　男女雇用機会均等法という言葉だけが先走りして，なかなか女性が働く上での環境が，会社として施設を設けてくれないですね。私は会社の敷地の中に保育園があって，そこには看護婦さんもお医者さんもいて，うちの会社には診療所があるわけですから，そのときはその病室で預かってくれると，そういうことを会社がしてでも女性に働いてほしいんだという風に会社が変わらない限りは，働く女性を扱うというのは難しいと思います。女性の替え玉はいくらでもいますから。

——いくら法が整備されても，自分の職場が変わらなければ意味がないと。

　ないですね。だから法で規制するならば事業所に保育所を設けなさいということを法で規制してほしい。そしたら会社は絶対に，そこの運営は質はどうかとは別にして，まずは施設を作りますよね。そこを利用させてもらえたらもっと女性が子育てしながら働いていけると思うんですけども。

——それはもう具体的に提案とかされてるんですか？

　いいえ，してません。

——もしあったら，Ｙさんだけじゃなく後に続いていく人は全然違うでしょうね。

　だけど，一民間企業がそんな事をするほど余裕ないですし，企業の経営状況がですね。今はとくに人を切ろう切ろうとしてる動きの中で，逆行ですものね。だからやっぱりこういうのは，それこそ上から，国から法で作っていただきたい項目だと思います。看護婦さんなんかは結構多いですね，子連れで勤務先にいくというのは。それだけ必要性がある仕事だから。職場にとって。

——女性が働いてくれなかったらうちはやっていけないんだと真剣になって思えば，変わるところは変わってくるということでしょうか。

　そうですね。そういう福利厚生の部分が充実してくると思いますし，ましてやうちのような製造業は男の社会ですから，その中で私が今やってる仕事は，今までは補助業務だったんですけども男性と同じスタッフ業務をやらせてもらうようになったのが，上の子の出産後ですから11年前なんです。それまでは女の子はお茶をいれて，掃除して電話取って，この数字をこっちに移すというだけでよかったんですけども，女性にもこういう仕事を任せていこうというパイオニアの第1号だったんですね，この部署では。他の部署はちょっと私にはわかりませんけども。そういう風になってきたのはつい10年くらい前で，なかなか女性は戦力にしてもらえない，いたらいいよというような，多分会社の位置づけであると思うんですね。そういうのに対して保育所を作ってお金をかけるかといったら，かけないと思います。

──その，戦力として認めさせるためには，日常的に仕事の中で評価してもらわなければいけない。でも，そのためには，たとえば職場に保育園なり保育施設が必要と，堂々巡りというか……。

　はい，わたしもそう思います。だから，女性は多分うちの会社の中で便利屋だと思います。男性と同じにする仕事も給料形態が全然ちがいますから。昇格も全然違いますし。女性はあくまでも補助業務で入ってきてるんですね。いくら男性と同じような対等な仕事をやったとしても，まぁ自分がそこまでできてるとはよう言いませんが，できたとしても全然違います。だからあくまでも奉仕ですね。私が残業しようが，家に持って帰ろうが何しようが奉仕の仕事ですね。ただ自分が自己満足してるだけでここまできてるんだと思います。

──でも同じような専門職でやってる方もたくさんいらっしゃるでしょう。

　少ないですね。私は高卒ですから。大卒であくまでも企画職という形で入った女性は最初スタート地点は一緒なんですけども。高卒で入ってある程度，経験が出てきてこういう仕事でも任せられるとなった場合でも，高卒は高卒です。責任はやっぱり出てきますし，任されると。自分でお尻もちゃんと拭かないといけないですし。

──少しずつでもそういうムードというか，自分の直属の上司とか事業所長の自分の仕事ぶりに対する評価の仕方というのは，賃金とは別に，評価の仕方とか認めてもらえているというのは，この10数年の間に，

　それは変わってきました。徐々に変わってきたんです。女性の処遇制度の見直しというのが数年前にありまして，女性でも，「でも」という言葉なんですけども，こういう仕事をやってきたら昇格を少しでも早くしましょうということで変わってきてるんですけども，なかなか大掛かりなことはないですね。

▶ §2＿ 注目voice 「母乳を止める薬を出してください。」

比較的短いインタビュー記録の中に，インパクトのある発言がいくつもあった。

【1】 「母乳を止める薬を出してくださいと言ったんですよ，私。」

産後8週間で職場復帰した話のあと突然，「一人目もはっきり言って母乳を止めたんですけども」という言葉を聞いて戸惑った。恥ずかしながら何のことを言ってるのかわからず，改めてその意味を質問して状況や経緯が少し理解できた。

まず，Y氏は産休は8週間取ったが，そのあとの育休は取らなかった。それは，この会社では育休を取った後の復職先が出向先になってしまうからで，今と同

じ部署で同じ仕事にいたかったY氏は育休なしで復帰するしかなかった。次の選択は，搾乳時間をとるかどうかであった。産婦人科医が言うように，搾乳時間を取ること自体は可能だったが，その時間分できなくなる仕事，たとえば1時間分の仕事が毎日溜まっていくことになる。つまり，搾乳時間が取れても，その時間分の仕事をだれかが引き受ける仕組みがなく，あるいはそういうことを期待や要求できる状況になかったということである。

　現在なら，制度上もこうした時間を取ることや，搾乳室や冷凍庫その他の設備を整えているところは増えているとしても，滞った仕事を組織としてどう補っていくのかについては，今でも事業所によって状況はさまざまなのではないかと推測する。

　いずれにせよ，1年間の育休が権利として保障されていても，実際には使えなかった例である。選択したのではなく，不本意な選択を強いられた，あるいはそもそも選択肢さえなかったケースである。

【2】「女性の替え玉はいくらでもいますから。」

　なんで声をあげないのか，あるいは産休に入る前に総務か人事あたりに復職について事前の相談や話し合いを求めなかったのか，と考える人は多いだろう。そのことをインタビューの中で確認し損なったが，もし質問したらどう答えてくれただろうか。

　たとえば，「そういう考えが思い浮かばなかった。なぜなら，それはそういうものだから。私たちは便利屋みたいなもので，女性の替え玉はいくらでもいますから」といった返答になっただろうか。

　推測するしかないが，みなさんならどう答えると想像するだろうか。

【3】「高卒は高卒」……女性の細分化・分断

　もっとも，男女のあいだの理不尽な格差だけが問題なわけではない。男性との根本的な格差と同時に，女性の中でも高卒／大卒，一般職／総合職といったはっきりとした区分があり，何重もの区分線に囲まれて仕事をしている。

　女性であり高卒であるY氏は，最初の補助業務から今は専門的な業務を任されるようになった。性別や，敷かれたトラックの壁を批判する余裕もなく，いろんな無理をし，母親失格という自責の念にも苦しみつつ（失格なのは会社や法だとしても），Y氏は責任感と達成感をもって「自分の」仕事の場所を懸命に確保してきたのだろう。それを簡単に捨てるわけにはいかない。

　他方で，自分のことだけでなく，働きやすい環境をつくることにも強い関心

をもっているが，法律が変わればそれで良いのではなく，それによって実際に自分の会社が変わらなければ意味がないと言う。具体例として，会社の敷地内に保育所を設けることを挙げ，そうしたことを事業所に義務付けるようなことを法律に期待するとも言っている。

▶§3__ 後日談：保育園ができた！

インタビューは20年前に終わり，記録も上に示したものがすべてであるが，じつは今回この記録を改めて検討するなかでY氏が勤める会社が24時間保育施設をつくったことをたまたまネット情報で知った。

設置されたのはインタビューの数年後のことで，会社は設置理由として，第一線で活躍する女性社員が増えていること，女性を貴重な戦力として生かしていきたいという考えを述べ，女性が働きやすい職場、女性が長く働ける環境をつくるという方針が宣言されている。

まさに，インタビューの中でY氏が切望していた保育施設が，数年後に現実のものになったことになる。どういう経緯でこの施設がつくられたのか。インタビュー時点で，Y氏はとくに具体的な提案や要求はしていないとのことであったが，その後何か強い働きかけをしたのか。「女性を貴重な戦力として生かしていきたい」という会社のフレーズは，インタビューの中の「なかなか女性は戦力にしてもらえない」というY氏の不満に直接答えたもののようにも見える。他方で，Y氏が薬で母乳を止める選択をする元になった搾乳時間やそのフォローの問題はどう改善されたのか。無用の罪悪感や心配をすることなく「女性が働きやすい職場、女性が長く働ける環境」は具体的に整備されたのかどうか。もし機会ができたなら，Y氏に尋ねてみたいとも思う。

▶§4__ 法社会学的考察の糸口

本章で検討したのは，権利があっても使えない事態のほんの一例であるが，その背後にさまざまな構造的矛盾がある中で，入社以来苦労して築いてきた社内でのポジションを簡単に手放すわけにはいかないというぎりぎりの決断があった。

当然，そんな苦労をしなくて済むようにするにはどうすれば良いのかという

問いは重要である。そのとき，最初から別トラックで走ってるから異なる取り扱いは仕方がないとする考えの是非だけでなく，それを自然なもの，当然のものとみさせているものは何なのかを検討する作業も一つ入り口になる。

　同じ仕事をしている非正規社員が，正社員の6割の賃金しか支給されていないのは不当な賃金差別だとして訴えた丸子警器事件をはじめ，「そういうもの」「仕方ないこと」が「そうではないこと」へと変わっていくプロセスに，いったいどんな社会的・法的なことがらが関わっているのかを考えることは，まさに重要な法社会学的課題である。

　労働法の基本書や教科書の他に，竹信三恵子『ルポ 賃金差別（ちくま新書）』（筑摩書房，2012）や川人博『過労自殺〔第二版〕（岩波新書）』（岩波書店，2015）などは，現状の分析と法的支援の意義と問題点について考える好材料となる。労働場面を超えたジェンダー論的視点については，たとえば，浅倉むつ子ほか『導入対話によるジェンダー法学〔第2版〕』（不磨書房，2005），三成美保・笹沼朋子・立石直子・谷田川知恵『ジェンダー法学入門〔第3版〕』（法律文化社，2019）等がある。

▶§5＿ 余談：一つのインタビューを二つに分けることの是非

　気づいておられるかも知れないが，本章のY氏は，職場の喫煙問題について聞いた第4章のY氏である。いま改めてこのインタビュー・データを見て，なんでここでこれを聞かない？と自己ツッコミどころだらけである。

　一応，言い訳もある。このインタビューは職場の喫煙問題「について」聞くインタビューとしてお願いしたものであり，その中で「たまたま」産休・育休問題に話題が及んだという言い訳である。

　話が拡張して予定と違う方向に流れていくことは常にある。問題は，テーマによって，一つのインタビューを分割して良いのかどうか，できるのかである。あれこれ考え，Y氏のインタビューについては別々の章に置くことにした。喫煙の章の中に一つのインタビュー・データとして置くと，母乳を止める決断の重さが居場所を失いぼやけてしまいそうに感じたからである。

　この判断が適切かどうかはわからない。興味のある方は，ぜひ第4章のデータとの1セットとして読んでいただき，分割の是非を考えてみてもらいたい。そこには，つなげて初めて見えてくる何かがあるかどうかという観点が入って

くると思われる。

　ちなみに，同じように職場の喫煙に関するインタビューのブロックに置いた第6章では，途中から育休後の処遇その他の別の話題に拡張していったが，こちらはそのまま一つのインタビューとして第6章に置いている。端的に，分けられなかった，つまり一つのインタビュー・データとして扱うべきつながりが大きかったという判断からである。

　分けるかどうか一つとっても，「生のデータの提供」には，本来的に加工が入っている。他の章のインタビュー記録も含めて，生データの生加減（なまかげん）や良い加減（よいかげん／いいかげん）も一緒に感じ取ってもらいたい。さらにそこから，そもそもインタビューというのがどういう活動なのかについて興味をもった方には，たとえば，斎藤清二・山田富秋・本山方子編『インタビューという実践』（新曜社，2014）を読むことをお勧めする。インタビューする側も一人の当事者として，インタビューという実践に関わっていること，そしてそれゆえの難しさや悩みと面白さを知ることができる。

第**9**章＿ 慣用句としての声

　本章で取り扱うのは，第8章と違い，育休が取れて職場に復帰できた事例である。しかし，復帰できればよいというわけではもちろんない。文化事業を展開する会社の課長職にあったI氏は，産休に入る直前に，他の社員のいる前で平社員への降格人事を聞かされる。それ以前に，つまり産休・育休を取ることを最初に上司に相談したときに，上司からは課長のまま復職することになるという見込みを伝えられていたI氏にとって，聞いてないよという意味でも衝撃は大きかった。

　現在は，妊娠・出産・育休などを理由とする降格は，男女雇用機会均等法第9条第3項，育児介護休業法第10条等で禁じられており，法違反となる。I氏は組合とも連動して会社側に何度も交渉したが，結果的に人事の撤回には至らなかった。

▶§1＿　注目voice　　「今回の降格人事の撤回を要求する！」

　I氏のケースでとくに注目したいのが，降格人事の発表のあと，組合から人事部に文書で提出された要求文書の中の次のことばである。
「今回の降格人事の撤回を要求する！」

▶§2＿　問い　　撤回要求はなぜ無視されたのか？

　この事例では，組合からの働きかけも，I氏本人からの働きかけも人事の撤回には結びつかなかった。問題は，「今回の降格人事の撤回を要求する」という断固とした要求がいったいどのような経緯で無効化されていったのかである。少し長くなるが，あらかじめ出来事を時系列的に整理してしまうのではな

く，まず次の§3でインタビューの声に直接触れていただき，その後に§4で一つの解釈と仮説提示を行ってみたい。問いは，「今回の降格人事の撤回を要求する！」という要求がなぜ効かなかったのか，はね返されたのかである。

▶§3 __ 語りを聞く

【1】 調査概要

　I氏のインタビュー記録に入る前に，I氏を含むインタビュー調査全体の調査概要について簡単に触れておく。

① 対象者は，首都圏で働く25〜39歳の女性に設定した。当時わが国の女性の労働力率のM字型曲線のボトムは30〜34歳であった。すなわち，この年齢層が，結婚，出産，子育て等，仕事を続けていく上での葛藤が最も大きいと考え，この「30〜34歳」をはさむ両側の年齢階層を含めてこの年齢層に対象者を絞った。

② 調査方法は，個人面接調査（セミデプス・インタビュー）。一人の対象者につき一回2時間から3時間のインタビューを実施した。対象者によっては，日をおいて2回実施した人もある。

③ インタビューでの質問の仕方は，とくにこちらからトピックを限定せず，仕事をする上での困難や葛藤を挙げてもらい，その乗り越えの経過を詳しく聴くことに時間を割いた。調査方法論的に言えば，非構造化的な調査ということになる。

④ 調査時期は，1996年2月〜5月。データ採取時期でいえば非常に古いが，今思えばいろんな葛藤が不安定に剥き出しになっていた時期でもあり，データ価値は薄れてはいないと考える。そんなことより，ここで起こっていることが「苦難の過去」に思えるほど現在の女性労働（というより，男性も含めた生活と仕事）の実情や環境がどれだけ変化したかを確かめる意味でも価値がある。

⑤ 対象者一覧……今回インタビューで詳しく話を聞くことができたのは9人であった（図表9-1参照）。9人のうち既婚者は7人で，うち6人が子どもを持つ母親であった。

対象者	未既婚・子供	トピック	語りの主な相手
A氏	既婚・子供	第二子育休中の第一子の保育園入所不許可	児童福祉課担当者
B氏	独身	契約社員に対する処遇，特に残業時間，休日	上司，厚生部，組合，人事部，発行人
C氏	既婚・子供	子供の発熱等で休みがちに……	上司，人事部
D氏	独身	手当のつかない残業時間	上司，働く女性の研究会メンバー
E氏	既婚・子供	妊娠報告時点での，周囲からの退職勧奨	上司，同僚
F氏	既婚	短大卒・一般事務職に対する仕事上の差別	上司，先輩，人事部
G氏	既婚・子供	勤続年数が少ない後輩社員と自分で，賃金カーブが逆転していた	経理部長，従業員会，婦人少年室，総務部長
H氏	既婚・子供	自主運営の学童保育への助成金の要求	福祉事務所
I氏	既婚・子供	産休直前に，課長職から平社員への降格人事発表	上司，組合，労基署，総務部長，社長

【2】　I氏のインタビュー記録

Q——

　私は一年間育児休業を取ったんですけども，それ以前は一応課長職だったんです。育児休業を一年間取りまして，今，育休明けたところなんですけども。それで育児休業に入るにあたっては当然上司のほうに「育児休業を一年間取らせて頂きたい」という申し出をしたわけですね。その際にはもちろん「それはもう決まりにあるのでどうぞ」ということで課長職云々については特に具体的にはその時点では話はしなかったんですけれども。私がお休みする間は当然どなたか別の方がおやりにならないといけないというのはわかってましたし，そういうものだと言う風に思ってたわけですね。それで実際その上司の方とお話している中でも，私が「育休に入って育休明けてからはまた課長職になるんでしょうかね」というお話してたんですけど，「まぁできる限りそれはそういう風にしますよ」というお返事で，そういうものだからというニュアンスのことをおっしゃっていたんです。

Q——

　かなり早かったんです。8月くらいですから半年以上前ですね。6月から育児休業取ったんです。まぁ実質的には5月ぐらいからお休みに入ってましたんで，それよりも六か月ぐらい前に一番最初にお伝えしました。でも私自身も初めての課長という立場で育児休業を取るということだったものですから，前例が全く無かったんですね。一般社会でどうなのか，この会社でどうなのかっていうことがわからない状況だったんですが，基本的には育児休業に入るまでは課長でいて，育児休業明けた時にはしかるべき時にまた課長にっていう話を最初に伺ってたものですから，そういうものなのかなぐらいにしか思ってなかったんです。実際は育児休業に入るよりも1か月くらい

前に辞令が出まして，一応課長から解任ってなったわけですね。それで代わりに別の課長さんができたというわけです。

Q——

　私は直接，内示というかたちでは言われてなかったんです。それで一般的な発表と同時に一応，人事というかたちで発表があるんですけども，そのときに初めて「ああ，こういう風になったのか」と自分は知ったんですね。ええ，紙で回ってきて。あと，まぁそれと同時に発表という形で口頭でもみんなの前であるんですけれども。それは，たまたまその時の上司にあたった方が，その方は私が当然そういう風になると思っていたっておっしゃったんです。ですからその辺の行き違いがあったということなんですね。ですから，そうなると本当によくわからない風になってしまうんですけれどもね。

Q——

　どうも，その直属の上司の方以外の方も，それは当然そういう風になるものだというようなことを皆さん思ってらっしゃったようなんです。だから私が思ってるのが違ったのかなって自分で一般的にはそうか，って逆にそういう風に思わされたようなところがあるんですけどもね。

Q——

　ただ私と同じ立場の一般の社員の方々はみんな驚いたっていう風に言ってたんですね。どうしてこういう風になるんだろうって思った人も多かったんですけれども。上司のほうの方々はみんな「それは当然だ，会社というのはそういうものだ」と。かなりそこに思い違いがあったんですね，両者の間に。

Q——

　聞いたんです。「そういう風になるという風には私は聞かされてなかったんで，どうしてなんでしょうか」って。少なくとも私が育休に入る時点までは，自分は課長という立場は，そこまでは当然やるんだろうって思ってたんですね。なので，交替するっていうことを考えると，確かにその時点で交替だと引継ぎ云々でいろいろ問題はあるっていうのを後で言われて，それはそうだなっていうことは思ったんですけども，その時点では自分は課長のままで育休に入るだろうって漠然と思ってたもんですから，どうしてなんですかって尋ねたんです。そしたら「一応，会社は組織だから長というものを二人同時に置く事はできない。だから結果的には交替をせざるを得ない，どこかで。その交替する時期というものは一応組織が動いていく訳だからそれに差し障りがないような時期を会社側が決める」そういう説明だったんです。

Q——

　（交替のタイミングをもう少し先に）することもできたと思った。後でそれを確認

しましたら,「そう言えばその時期でなくてもよかったんだね」というような返事ではあったんですけどね。だからあんまり深い意味がなかったのか,それともあるいは他の人事との絡みもありましたから,そちらの都合でその日程になったのか,そのへんはちょっと正確には教えて頂けなかったんです。

Q──

それで一応,会社に組合がありまして,組合のほうからちょっとこの件に関しては問題として取り上げようかというような話がありまして,私も善し悪しは分からなかったんですけども,今回初めての例だったのでそれが当然なのかあるいはそうでないのか,どういうものなのかっていうことを検討するためにも,一応組合の問題として取り上げてみたらどうかということになりまして,組合から今回の人事に関しての,言葉としては撤回要求のような形で出したんですね。育児休業を取ったことによって不利に扱った,この人事撤回してほしいというような形。ただその言葉の使い方自体に問題があったのかどうかはわからないんですけれども,いわゆる上司の側は,とんでもないっていうか,全くそんなことっていうのは有り得ない,一度出した人事に関しては綱引くようなものではない。逆に,なんでそんなことを言うのかっていうか,どうしてそんなことを出してきたのか分からないっていうような風に,どうもとられたようなんですよ。私もその組合活動の中でのやりとりは直接分からないので,組合側でやっていることなんで,私がその中でどういう話し合いがなされたかということは,後で少し聞くことはできても実際の流れはよくわからないんですけども,一応会社側は全く問題にしなかったというか。

Q──

直属の上司に「組合にも話がいっています」というようなことを伝えて,そしたら「これは組合と会社側の話になったんだから,一応それはそこに任せるしかないんだから」という答えだったんです。結局そのへんがうやむやになってしまったというか,それ以後,組合と会社側の話合いは問題にならないっていう形で終わったというか,そのままで私は育児休業に入ってしまったんで,時間的にはそういう風に流れていったんですね。

Q──

ただまぁ,いろいろな方の意見とか聞いてみますと,公共の労働基準監督署とかそういうところにもお尋ねしてみたんですけれども,一応一年間育児休業が取れてその後復職ができるということがまず基本なんだそうです。それは守られていると。結果的に課長職というものは解かれたんですけれども,一応処遇という意味で,役職手当というのはもちろん除かれるんですけども課長と同じレベルの処遇には残されてるんですね。だから会社側もそういう説明だったんですけども。ですから降格ではないということなんですけども。

Q——

　役職手当というのは別に少しあるんですけども，その分はもちろん役職についてないんだから除くと。ただ課長職になると処遇が少し上がるんですよ，一般職よりも。そのつけた分については課長職を解かれてももちろん保証するという会社側の説明だったんで，そのことを労働基準監督署だったかちょっとその名称は定かでないんですが，公共の労働に関する問題を扱っているところなんですけれども，そこに問い合わせたら，まぁそれが一応保証されていれば，それ以上，もちろん個人的に望んでもいいんだけれど，それを望んで争ったりしてもこちらに完全な勝ち目があるとは言えない。逆にもっと小さな会社の場合はほんとに一年休んじゃったら復職できないっていうケースも結構あるそうなんですね。それを考えれば復職が保証されるっていうことがまず基本で，ある程度収入も処遇が確保されているわけですから，役職についてはちょっと絶対ということはなかなか言えないでしょうねっていうようなお返事だったんです。

Q——

　その後組合との話し合いが続いてたのか終結したのか，その辺がちょっとはっきりしないんですが，一応組合のほうでも取り上げられないっていう形になって，それ以上は何もできなかったんですね，組合としても。全く問題にならないっていう回答だったんで。逆に今度私が復職する際に，組合側としても復職の際はどういう条件で復職できるのかということを質した，私自身も会社側にそれは聞いたんですね。やっぱり答えとしては，課長職というものをそのまま同じように戻すということはもちろんむずかしいという回答。

Q——

　交替して一人の人を立てているわけだから，その人をまた降ろして私を戻すということは普通はしない，それはできないですよねって。

Q——

　総務の関係の方とか，人事の関係の方とか，やはり部長職以上の方かな。本社と一緒になってますので組合活動は全社でやってますので一緒に。

Q——

　（話し合いをしたのは復職の）2か月くらい前かな。その時には，たまたま私が復職するときには既に社長も代わってまして新しい社長になってたんですね。それでその社長さんが機構改革とか組織改革とかを考えてる方で，私が復職するんで1名戻ってくるということで，直接お話をしようということになりまして。私とその社長さんと。その方は私の事前のことをご存じだったかどうか，「あまりよくは知らなかった」とおっしゃってたんですけども，一応私のほうからそういう組合を通しての問題など

もありましてというお話をして，お考えを伺いたいんですがとお聞きしてみたんですね。私が復職するにあたってどこの部署になるか，どこの勤務地になるかとかそういうふうなことも含めて，会社側としても私の希望をききたいというのもありまして，一度会ってお話をしておきましょうかというのでお会いしたんです。小さな会社といっても百名くらいはいますので（社長と）直接というのはむしろ珍しいかも知れないですね。普通はだいたいやっぱり直属の上司の方ですよね。今回たまたま社長さんが新しくなってその方がいろいろ変革をしたいということで，一人ひとりのことも知りたいということがあったようなんですね。それでお会いしてお話しましょうとおっしゃって下さったものですから，私もいい機会だと思ってお話して，そのようなことを一応申し上げたら，やはりお返事としてはさっき私が言った事と同じように，「一般的にはやはり課長職はその時点で交替して，復職のときに必ず課長職に戻るということはないですよね」というようなお返事だったんです。

Q──

その方のお考えとして，「ほんとに何も問題として取り上げるべきことはないですよね」っていうようなお返事でした。ですから私もいろんな方にそういう風にだんだん言われてきたものですから，「あぁ一般的にはそういうものなんですか」って逆にそういう風に思うようになってきたんですけれども。

Q──

私も事前に，育児休業に入る前は当然一年間ブランクがあってもまた同じ課長職を続けてやっていきたいし，大変だろうけどもなんとかそういう風な形を続けていけたらいいなと思ってたんですね。ただもうそれが覆されたというか，実際問題としてはそれはちょっと組織としては難しい話なんだっていうようなことになって，現実の処置もそういうふうになったんですね。逆に課長職であればそれなりの大変さっていうのはもちろん加わってくるんですね。時間的なものもそうですし精神的なものもそうですし，それに伴って手当がつくわけですけれども。もうこうなった以上は，今はそれだったらば別に役職どうのこのということよりも今の自分の生活の方を，まぁ子供にまだ手がかかりますのでね，せっかくまぁそれを役職についたらたぶん思い切りできなかったようなことが，今だったら役職についてないということで逆にプラスになることがいろいろあるんで，そちらをじゃあ優先しようという考えに変わったんですよね。

Q──

復職する時点ではもうそういう風に事前に言われて「戻ることは多分ないだろうな，課長職に戻ることはないだろうな」と思ってましたから。社長さんと話した時点で。そのあと組合側のほうからも確認をしてくれたんですね。そしたらやはり処遇は変わらないと。処遇というのは役職を除いた部分ですね。そして勤務地も一応変えないと

いうことは保証するという返事だったわけです。ですからその辺の情報からすると「課長職に直ぐに戻る事はこれはないだろうな」と思ったんです。まぁだから，直ぐには戻らないにしてもそれはまた今後，またキャリアを積んでいって自分でも時間的な余裕ができたりいろんなことをやりたいとかもう少し意欲が出たりとか，そういう時に役職がついてそれに見合った仕事が自分でできるという自信が，ちょうど同じようなレベルで一緒になってやれる時がその時なのかなっていうような考え方に，だいぶ今は変わってきたんですね。

Q——

　私は全く（こだわるとかえって復職自体が危なくなるとか）そういうことを予想していなかったんですけれども，別のいろんな方からいろんなお話が入ってきまして，「すごく君の立場が悪くなってるよ」というようなことを言われたんですよ。上の方々の間でということだと思うんですね。全く予想してなかったんで，自分がそういう風な，皆さんで話し合いを持ちたいという申出をしたつもりだったのが，すごく課長職にしがみついてると思われたのか，無理を通そうとしていると思われたのか，その辺がほんとに分からないんですけども，非常に悪い印象が残ったというようなことを，逆に親切な方々から心配して「大丈夫ですか」っていうような形で言われて，それで初めてそんな風に物事は運んでいったのかと，そのことのほうがびっくりしました。

Q——

　それで社長さんとお会いした時にも，もちろんその時点では自分の処遇がどうなるのかということで話し合いを持ちたいということで，「絶対そうしろとかそういうことではなくってどういうものであるのかとか，今回の処置はどうしてこうなったのかとか，そういうことで話し合いを持ちたいので一応組合側にお話を通したんですよ」っていうことを伝えて，「それが逆になんかこじれてしまったというか，真意が通ってなかったという結果になってしまって私としてはとても残念でした」ということは伝えたんです。そしたら「それはそうですね」って，「それはまぁ，そうなってしまったとしたら，それはそうですね」っていうふうに答えて下さったんですね。

Q——

　真意と言うか，お答えはもちろん変わらないんですね，そういうものだという。（どういう意図だったかということについては理解してもらった）それで少し安心したというか，その分で訂正が少しできたかなと思ってるんですけれど。まだまだそれ以外の沢山の方々は誤解をそのまま持っているんだろうなと思ってますけどね。なかなかそれは解けないでしょう。

Q——

　育児休業に入る前の時点で自分なりにアピールをするっていうのはできるかもしれ

ないですね。「私は今課長職で育児休業一年取らせて頂くんだけれども，課長職を絶対その後もやっていく自信がある。私だったら他の人と同じようにその状況でもやっていきますから是非やらせてください」というようなことを直属の上司の方に伝えるってことはできると思うんです。ただそれが受け入れられるかどうかは別問題なんですけどもね。「君はそう言ってるけど本当にできるかどうかはわからないね」って答えられるかもしれないし，「そうはいわれても会社というのは君のためにポストを確保するのは無理なんだよ」って答えられるか，その辺はわからないんですけれども，いかに自分は絶対やりたいと本当に思うんであれば，それはそういう風に伝えて，あとは会社の判断なんで会社が子供がいる人はやっぱり無理だよって判断するのか，子供がいても君ならばできるよっていう風に判断するのか，それはもうその人の資質によって変わってくると思うんですけれども。もう自分なりに精一杯アピールして伝えるべきことは伝えて，あとは本当にもう会社の判断なんですよね，それ以上のことは。絶対やらせてくれっていってやらせてもらえるかどうかっていうのはね。

Q——

　（同じような立場の人は）今はいないです。もともと今の私の横浜の職場では結婚してる方が少ないんですよね。それでお子さんのいる方はもっと少ないですね。３０名いる中で子供がいる方が３，４名かな。結婚されてる方もせいぜいあとそれに一人か二人プラスするくらい。ちょっと正確ではないんですけれども，ほんとに少数なんです。未婚の方が多いです。未婚でないとできないことはないんですけど，今の課長職になるとやはりかなり大変なようです。残業もしなくちゃいけないし，いろんなトラブルももちろん処理しなくちゃならないし，一般の課員ならばそこで済んでることも全部引き受けるということになってきますよね，やはり。だからかなりそれが結局時間的にプラスになって増大してくるし，精神的にもいろんな意味でいろいろかかってくるし。だから子供がいるとどうしても時間的に区切られちゃう部分があるんですよね。今日絶対この時間に帰らなくちゃならないとか，病気になったら絶対迎えにいかなくちゃいけないとか，そういうことでいろいろ制限が関わってきちゃうんですよね。だからその辺の兼ね合いがそれぞれのお子さんの事情にもよるんで，まったくそういうことがないお子さんもいるでしょうし，豪邸でおじいちゃん，おばあちゃんが見て下さるとか，いろいろ条件はあるんでこどもがいる，いないで一概に判断できないとは思うんですけれども，やはり子供がいて仕事をするっていうことが，常にそういう部分をはらんでいるということだと思うんですよね。でも結構世の中の方々は，かなりそれでもやってらっしゃる方が多いですよね。

Q——

　うちも二人だけで核家族ですので，病気したりとかよくあったんですよね，保育園入りたては。それで突然やっぱり熱が出ちゃって。今度エンジェル多摩ってできたのご存じですか？　あそこが家から近いんですよ。病気の子供を預かってくれる。それ

が私の家からたまたま近いものですから，そこも何度か利用しまして。病気の時には
もう朝，熱が出ちゃったというときにはそこに一日預かってもらうようにして。看護
婦さんがいらしてお医者さんが一日一回かな，巡回して下さるんです。普通の保育園
だと熱が出たりするともう絶対行かれないですよね，そうするともうお手上げでどち
らかが会社を休まざるを得ないって状況になるんですけど，そこだと預かってはくれ
るんで一応それを利用してかなり乗り切ってきています。

Q——

　公立の保育園なので，一応安心して，保母さん方もとてもいい方で今のところは問
題はないです，保育園には。朝7時半くらいから6時くらいまで。4月に入園してか
ら5月1か月くらいはほとんど風邪をひいて，何日かは熱を出して休んで，エンジェ
ル多摩のほうにお世話になって。私が休んだり夫が休んだりとか，それを何度か繰り
返してもうこの2か月くらいでもずっとそういう連続でしたから。大変ですよね。

Q——

　組合の方が資料を見せて下さったり，あと基準監督署の方にいろいろ伺ったり。た
だやっぱり法律の条文とかは，罰則規定でない限りは抜けられるっていうか，そうい
うものですよね。だから本当にそのケースごとに違う。絶対にダメっていうことは本
当にごく僅かっていうか，それ以外のことっていうのは法律ではなかなか処理できな
い，よっぽど裁判にもっていくとかすれば別でしょうけども，むしろその職場の中で
それぞれが話し合いをして解決していくということが多いですよね。望ましいとか，
そういう表現だったりするんで，今の状況ではまだまだやっぱり自分で切り開いて行
かなくちゃいけないんだなという風に思いましたけどね。

Q——

　労働者の立場として賃金ですか，賃金が今までより下がる。まぁ私の場合は役職手
当という部分は下がったわけですね。だから今までの生活レベルでこの賃金で私は生
活してきたのに結果的には賃金が下がったっていうことですよね。それがボーナスに
も何もかも影響してきますよね。だからそういう形での困るっていう言い方はできる
とは思うんですけれども，それがどの程度の拘束力があって強みがあるのかっていう
のはわからないですけれども，一応基本的な賃金が今までより下がったっていうのは
事実ですね。ただそれは逆に会社側からすれば，それは役職手当というものである
から役職に与えるものであるから役職でなければ与えられないのは当然だというお答
えになるから，それ以上追及できるかどうかは難しいと思うんですが，その賃金の部
分ではまぁ言えるかなという風に思いますけど。

Q——

　やはり私の年代より上の方々，今役職についている方々ってまぁ60代とか50代

とかそういう上の方ですよね，特にそれで男性が多いですよね。やはりその方々の基本的な頭の中には，女性が子供をもってかつ仕事をするっていうのは非常に無理があるっていうか，そういう風に思ってらっしゃると思うんですよ，もう根本的に。それで子供がいるから大変だからそんなに仕事はできないだろうって，イコールで全部つながれてる。それはもちろん事実の部分もそうなんですけども，そうでない場合だってあるし，子供がいても今までと同じレベルで仕事をしていこうとして，実際できる人もいるだろうと私は思うんですけれども，そういう風にはやっぱり思ってらっしゃらないんじゃないかなと。子供がいるとやっぱり無理だという前提，たぶんそれはもちろん言葉に表しておっしゃる訳じゃないですけども，そんな感じがするんですよね。（そういう図式が）頭にあるんじゃないかっていう。その辺ていうのは，もっとあれになると女性が働くこと自体が，家庭があるのに働くこと自体がおかしいっていうか，そういう風に思ってしまう方もいるようですね。もちろんそれは言葉に出してはおっしゃらないですけどもね。だから子供がいるんだったら当然そっちを優先するべきだ，そっちを優先しないで仕事の方をやるなんていうことは考えられない。基本的にそういう風に思ってるところがまだまだあるんじゃないか，年齢が上の方は特に。

Q——

難しいっていうか，どんどんそれは，そういう風にほんとに思う人はしたほうがいいと思うんです。何もそういう風に受け止められないから言わないんじゃなくて，やっぱり言っていくし，やっていく。それは沢山の人がそういうことをやっていけば，それが今度実績になって一般論にかわっていくわけですから。今はまだ難しいんですけれども，でも言ったらもちろんやらなくちゃいけないし，やるんだったらどんどんやっていけばいいし。それは本当にいろんな人がいるわけですから，やりたくない人はやらないでしょうし，やりたい人はやるし，やるためにやれるように努力しなくちゃいけないし。そういう人がどんどん増えてきてくれることが，やはり繋がっていくんだと思うんですよね。

▶§4　一つの解釈

【1】　出来事の要約

少し長かったので，ここでひとまず事実経過について要約しておこう。

課長職だったI氏は，妊娠6か月すぎに，産休と育休を取ることを直属の上司に申し入れ了解を得た。上司との何度かの面談の中で，産休後も同じ待遇のまま原職復職できるだろうという心証を得ていた。ところが，産休に入る直前にいきなりみんなの前で，課長職から平社員になり，代わりに別の課長が置か

れると告げられた。

　I氏個人による交渉だけでなく，組合ルートも通して話し合うことにした。組合からは，「育児休業を取ったことによって不利に扱った」「この降格人事の撤回を要求する」という内容の文書が会社側に提出された。会社側はこれは「育児休業を取った，それで不利になったという風には思えない。」「降格ではない」と回答。

　上司との話し合いも，上司からは「組合と会社側の話になったんだから，そこに任せるしかない」として今度は個人的な交渉ルートが遮断される。

　その状態のまま産休に入り，育休中に労働基準監督署に相談に行った。労基署からは，「一応一年間育児休業が取れてその後復職ができるということがまず基本」「それは守られている」。逆に「もっと小さな会社の場合はほんとに一年休んじゃったら復職できないっていうケースも結構ある」という回答があり，あなたはまだ恵まれている方だという。当時の法律の下でこの監督官の回答が適切なものだったかはともかく，それがI氏の状況解釈の重要な基礎になったことは間違いない。

　復職2か月前，I氏は改めて会社側に質したが，やはり課長職としての復職は難しいと言われた。「交替して一人の人を立てているわけだから，その人をまた降ろして（私を）戻すということは普通はしない，それはできないですよね。」。

　さらに復職1か月前，社長との直接の話し合いでも，課長職としては戻れないと言われた。「一般的にはやはり課長職はその時点で交替して，復職のときに必ず課長職に戻るということはないですよね」。結局I氏は平社員として復職することになった。

【2】　一つの解釈：〈語りのモード〉への着目

　本章における問いは，「今回の降格人事の撤回を要求する！」という組合を通した要求がなぜ効かなかったのかであった。さまざまな観点があるが，ここではこのI氏の事例について，「語り口」「語りのモード」という関心から検討してみよう。

　会社や上司との話し合いの場で，「何を」語ったかよりも，「どういう」話法で語ったのか，その語り方に注目したとき，次の3点を指摘することができる。

　①　第一は，本人性の希薄化である。この「降格」人事は，他ならにI氏本人に降りかかった問題であり，I氏本人が直接の当事者であることは間違いな

い。しかし一連の交渉の中で，その本人性が薄められていった点をまず指摘しなければならない。

　そもそもの降格人事の発表自体がＩ氏になんの連絡もなく行われたことが，本人不在での展開の端緒であった。加えて，この問題が半ば組合に預ける形で進行していったことも，問題の本人性を弱めることにつながった。もちろん，個人の問題から社員全員にとっての重要問題として受け止めたこと自体はもっともな判断だと思われる。しかし，結果的に会社側は組合提出の文書を見ただけで，「これは全く話し合いをするまでもない」と突き返してしまった。

　②　反射的に，組合を通したことで「これは組合と会社側の話になったんだから」ということでＩ氏個人による話し合いルートまで遮断する結果になったというのが第2のポイントである。不当な人事の撤回要求という〈内容〉自体は妥当といえるが，文書で提出された組合からの語りかけ方の〈モード〉には，もしかしたら交渉関係を築かない何かがあった可能性も考えられる。Ｉ氏自身も，「組合側としてのもっていき方も，もしかしたらもっと別な形にしたらよかったのかもしれないですけれどもね。」と語っているが，その「もっていき方」には，手順や準備だけでなく，「育児休業を取ったことによって不利に扱った」「降格人事」「撤回」といった，通念的でカテゴリカルな語り口，言い換えれば“慣用句”的な話法が関係していたようにも思われる。

　③　この“慣用句”話法は，じつは組合だけでなく会社側の語り口にも見られる。会社側は，「会社は組織だから」「組織が動いていく」「一般的には」「普通は」しないというように，「この会社」ではなく他の会社も含めた「組織一般」がどうしているかという観点から語っている。復職直前の話し合いでも，会社側は「普通はしない」「一般的には」という通念レベルの語り口でＩ氏からの呼びかけを退け，いまのうちの会社でどうこうという話はまったく出てこない。

　④　そして，こうした会社側の“通念・一般”に寄せた語り方は，Ｉ氏自身のvoice行動（声による働きかけ）にも浸透していった。Ｉ氏は，もともと自分は課長職のまま産休・育休を取り，そのまま原職に復帰するものと思っていた。しかし，一貫して「普通は」「一般的に」という語り口で「何も問題はない」とする会社側の反応を繰り返し聞くにつれ，もしかしたら自分の問いかけ自体が「一般的な」妥当性をもちえないのかという自問に向かわせたように思われる。「すごく君の立場が悪くなってるよ」という上司からの，親身の忠告をまとった圧力もそれを加速した。「話し合いを持ちたいという申し出をしたつもりだっ

たのが，すごく課長職にしがみついてると思われたのか，無理を通そうとしていると思われたのか」と戸惑う。

　納得のいく説明を求めるI氏にとっての納得の基準は，「一般的に」無理を通すことになるのか，「一般的に」当然の行動なのかに焦点化される。労働基準監督署に相談に行ったのも，この一般性のテストの答を求めてであった。

　復職ができ待遇面での保障があり，「争ったりしてもこちらに完全な勝ち目があるとは言えない」との監督官の助言は，それが適切なものだったかはともかく，釈然としないまま事態を受け入れることを促していったと思われる。

　さて，語りのモードという観点からのI氏の分析は，いったんここで中断する。というのは，ある面でこのI氏とまったく対照的なvoice行動をとっているC氏のケースがあり，両者の比較のなかで検討する方がより立体的な理解ができるように思うからである。次章では，そのC氏のケースを紹介し，語り口や交渉モードという観点から2つの事例を比較分析してみたい。

第**10**章__ 問題解決の"話法"〈いま・ここ〉のあなたと私

▶ §1__ 問い　権利主張ではない自己主張

　現実の問題解決や交渉場面を見ていくと，単純に権利主張か泣き寝入りかと
いった二者択一で捉えられない，さまざまなやりとり，そして場の力のような
ものが蠢いていることがわかる。

　前章で見た降格人事に関するI氏の事例では，要求や回答が一般的にみて正
しいことなのかという一般的妥当性のテストという基準がやりとりを主導して
いった。そこでの語りの主要モードとなった語り方を，"慣用句"話法と名づけ
た。

　続いて本章で取り上げるのは，育休のあと職場復帰してから子どもの急な発
熱で会社を休むことが増えたことで上司から呼び出されたC氏の事例である。
生後数か月経つと，子どもはいろんな体調変化をおこすようになることは私自
身も経験し，夜中に救急外来に走ったことも何度かある。翌朝勤務先に電話し
て休みをもらうとき説明に難儀することも，幼児のいる家庭ではだれにでもど
こにでも起こることである。今なら，看護休暇というちゃんとした言葉が与え
られ，「取ります」と伝えればよい。もちろん，仕事の段取りや補強のお願い
などあるにしても，権利として認められていることは説明の手間だけでなく，
大きな後ろめたさをもたずにものを言うときの後ろ盾になる。

　看護休暇は2005年施行の改正育児・介護休業法で制度化され，その後の改正
で，現在は1時間単位で柔軟に取得できるようになっている。

　しかし，以下で紹介するのは，看護休暇なるものがない時代のことである。
もしあなたが上司から呼ばれ，これ以上休むのなら他の部署に異動してもらう
と言われたらどうするだろうか。他部署への異動は単なる場所の移動ではない。
休みがちで飛ばされた社員，というレッテル付きでそれ以降の社内キャリアを
歩むことを意味する。

　この章の初発の問いは，あなただったらどうするだろうか，にしよう。一瞬で

も，なんらかの予想をもった上で，C氏がいったいどんな語り口で葛藤状況を乗り越えようとしたのかのインタビュー記録を見ていただくことにしよう。

▶§2__ 語りを聞く

――入社は何年ですか。

　1989年4月です。入社6年目に結婚し1年間育休を取って，去年の4月に職場に復帰して，いまは別の部署にいます。

――育休は問題なく取れましたか？

　ちょうど4月生まれだったので，1歳未満までまるまる1年一緒にいて，この4月1日から保育園に預けて，4月の中旬に慣らし保育が終わって復帰しました。

――すぐに（保育園に）入れてよかったですね。

　友達なんかの話を聞くと，4月に復帰するために，6か月とかで保育園に預けたりという人もけっこういるって聞きますけどねえ。

――これまでのキャリアの中で，どんな葛藤を経験されたかについて，少し教えてもらえませんか？

　最初の営業の時はですね，この業界というのはかなり古い体質で，女性っていうのがここまで抵抗感をもって迎えられるかっていうのがありましたねえ。

――例えば？

　うーん，言葉は悪いですが半水商売というところがありますので，やはり女性が（営業に）来たことで自分のお店はなめられたと，前担当者（男性）を連れてこい（笑）と，そういうお店がやはり半年間くらいはかなりありましたね。いったい何ができるんだ（笑），というのもありましたし。普段はそうでもないかなと思うお店でも，大きな仕事をうちの会社にまわしたいといったときになると，ちょっと前任者に来てもらえるかなというのがあって，傷ついたりですね……。

――その場合の前任者というのは，男性ですね？

　ええ，もちろん男性です。一期ですので，私の上にはおりませんので，ほんとに初めてだったんですね。それでも，私の担当地域というのは，考え方も前進的であろうし，下町とかと比べれば受け入れられるんじゃないかという配属だったんですが，それでもやはり……。かなり抵抗をもたれたみたいで，それまでっていうのがやはり人事のお膝下というかカゴの中にいる状態ですよねえ，仮配属の段階といのは。人事っていうのは，女性を活用していきたいということを強く私たちに言って採用をしてくれま

したので。この業界はすごく新しいんだ，という気持ちをすごくもっていたんですね。それが，いざ現場に出てみたら，女性の営業マンが採られたということも知らないし，よもや自分のところに回ってくるなんて思っていなかった，ということで。マーケットレディさんと間違われたり……。それが，まあ最初の壁というか，それまで男の人と比べて，のっけから頭ごなしに別扱いされるということが，それまでの22年間で一度もなかったので……　かなりショックではありましたねえ。ああ，現実はこんなものかと。

　でもまあ，いろんな方にいろんな気持ちを聞いていただいたりとかもありましたけれども，その壁を乗り越えたというか，できたのは，お酒屋さんの立場にふっと立てたんですよね。自分が商店主だったらどうだろう，一国一城の主で，もう娘くらいの子が急に回ってきたら，ずっと代々20年も30年も男の人しかいなくて当たり前だったのが，やっぱり孫くらいの女の子（笑）が急に来ても，それはやっぱり理解できないところがあるだろうなあ，という風に思えたんですねえ。だから，じゃあ，どれだけ仕事ができるのか，もし仕事を与えてもらったら，それがどんなに小さな仕事でも，それをどのようにこなしたり，そのお店のためになることをしていけるのかを，1年なら1年とか見てもらって，そのバックボーンができてからじゃないと，やっぱりあのー「女はだめ」とか，やっぱり自分でも女性には向かない業界なのかとか，その答は出ないなって思えたので，結構その壁はぶつかったときはもう解決不可能なことに思えたんですけど……。

　担当3年していて，最後までダメな小売店さんもありましたし，それはそれで割り切らなきゃしょうがない，と思いましたし。でも，相手の気持ちに立てて，自分でもその一後ろ向きなところがなくなったら，やっぱり，Cさんにこのくらいの仕事与えてみたら，「Cさん，ちゃんと仕事してくれるよ」という話が，小売店さんというのは横のつながりがすごく強いんですね。一つの話が，3〜4軒のお店に行き，又その話が3〜4軒に行きってことで，まあ悪い話も早いんでしょうが，できたこともけっこう横に広がりをもっていったんですね。男性だったら話題にならないようなことが，それが今度は逆に女性の特権だったかも知れないんですが，ちゃんと仕事をするという話が広まっていくと。そういうことで，まあSサイズのお仕事からMサイズが来て，それも難なくこなしたらまた今度は，って形で，やっぱりだんだんに小売店さんも安心をして，変わらないように扱ってくれるようになった，ということでしたね。

———お客さんの立場に立てた，といのはどんなことからだと思いますか？例えば，周りの人とかに気持ちを聞いてもらった，とおっしゃいましたが，そういうことも壁を乗り越えるのに関係していたんでしょうか？

　そうですねえ。まず，直接ではないんですけども，つねに後ろ向きにならずにがんばれた一番大きい，まあ言葉は，その時の支店長というが直属の上司ですけれども，一番最初配属になったときに，一対一でお話しする時間を支店長の方からもっていただいて，「私は，男女区別なく，とにかくやらせてみます」と。「申し訳ないけど，君

も一期生だけど，その一期生を使う上司としてぼくも一期生なんです」と。「だから，ほんとに女性がやれることをやらせていいのかっていう物差しも分からないし，だから，ぼくのところの段階で，これはできないだろうっていって，同期の男性の○○君にはやらせて，Cさんにはやらせないということは基本的につくりません。ただ，それがやっぱり正しい平等という意味ではなく，やはり大前提の，性が違うということで，与えてはならない分野の仕事を投げるかも知れない。だから，それは正直に申告して欲しい。とりあえず，ぼくのところでは，ふるいにかけません。」ていう，すごくありがたい言葉だったんですね。私は，すごくそれがうれしかったし，もう信頼できたというところがありましたので，わかりましたと。たしかにその通りだったんですね。ですので，どんなに外に出て市場で女性ということで苦しんでも，会社の中というのは，本当に一対一の同じ仲間でありライバルであると，上司も思うし同僚も思っているっていうのが，今もずーっとですけども，それはほんと心の支えになってます，7年間。

―――たまたまCさんというのでなく，他の一期生の方たち（5人）も皆，そういった感じで，ある意味で良い関係の中で仕事をなさっているんでしょうか？

　そうですね，大体。

―――そうすると，御社にとって総合職というのは，うまくいっていると見ていいんでしょうか？

　少なくとも私たち第一期生は，いろんな意味で会社にとって長い影響があったと，とっていただいての，まあ2期目が女性総合職120人，3期目が100人と採ってますので，そういうことなのかなと思っています。

―――ところで，結婚されたのは入社何年目頃ですか？

　入社5年目の夏，マーケティング部にいるときでした。

―――結婚されたことで，仕事の環境で何か変わったこととかありましたか？

　いや，全然なかったですね。名前も変えないで，そのままでしたし。まわりも何も変わらなかったですね。仕事量減ったわけでもないですし，出張がなくなったわけでもないですし，そのままでしたね。はい。

―――上司によっては必ずしもうまくいっていないケースもあるんでしょうか？

　やっぱり弊社でも，細かいレベルまで噛み砕いていけば，普段は一緒に仕事をしていても，その人の主観というんですか，一人ひとりの考え方になりますと，「女性がなんでそこまで働くんだ」というのがあって，それで，うん，私たち（第一期生）だと6人だったので，散った事業場も6つ位に限られてましたけれども，2期目になるともうさまざまに散っていますから，事業場長が先ほどお話ししたような，女性にとってありがたいスタンスや価値観をもった人ばかりかというと，お恥ずかしい話，レベ

ル統一は全然されてませんから，大変な小売店は女性は回らなくていいとかありましたし，そういう点では事業場長によってやる仕事に制約がつけられ，そのせいでつけていく力に制約がつけられてしまうのも，多々ありました。

───２期目以降の後輩を，どういうふうにご覧になっていますか？
　まあ，本当，恥ずかしい話になってしまうんですが，一気に100人サイズに膨らみますと，6人だったら個々にどういう考えをもっているかというのをお互いに確かめられるし，仕事に対する考え方が同じだなという安心感があったんですが，一つ下の代のように100人になると，頭数揃えみたいな採用も多々あったなという感じも本当もっています。最初に，100という数字があったような，，，。

───でも，いろんな考えをもった人がいるというのは，仕事を活性化していくことにもつながると思うんですが……。
　だから，いろんな考えが集まるといういい意味では，人数というか分母数が必要なのは分かるんですが，もっと大もとのところで，仕事に対する考え方というか臨み方という基本が違う……。

───例えば，どんな？
　やっぱり，私から言うと，悪い意味で，その一，「そういうときに，女性を使うわけ？」っていう，こう，都合のいいときに女性になって，都合のいいときに総合職なんだからという立場を使うというか，そのバランスっていうんですかね，バックボーンができてからじゃなければそんなのただのわがままでしょ？その主張はただのわがままでしょ？と。権利っていって，その子たちは声を張り上げてても，それはやることやってからのことだよ，っていう，そのーはき違えっていうのかな，そのバランスの悪さも，，，って思った子もいましたし。
　あとやっぱり，なんていうのかなー，うん，ほんとにそれは難しいんですけど，一生懸命というのと……なんていうのかなー……土足で踏み込むというのとの兼ね合いができていない子もやっぱりいたと思いますし。それはもうその子のもうバランスだからしょうがないんですけども。そういう子も，やっぱり逆に空回りして，辞めていきましたし。さっきの前者の場合の子たちで言うと，「会社には何も通じない」ってことで挫折していきましたし。

───例えば，前者の，戦略的に女性を使うというか，表現は別にして，そういうのは具体的にはどういったところに見られるんですか？
　うーん，難しいなー。具体的と言うよりも，例えばさきほど言ったように，女性をやっぱり，一つ下に見てしまっている事業場長がいたとしますよねー，例えば予算面で，張り付けが女性の方が函数が少なかったと，少なくて当然，ということで好きな方に逃げてると，でもそれは事業場長に対する不満と，自分では思わない。うん。対

等だったら，悔しいですよねえ。どうして同期の男性が100ケースなのに，自分は80ケースの張り付けでも，どうして不満に思わないの？っていうのを後輩に言ったことがあるんですね。悔しいのに言わないっていうんだったらわかるんですけれども，言える，言えないってのがありますから。でも，ラッキーというか，それを当たり前くらいの価値観になってる。で，そういうところはそういうところで当たり前に受けとめているのに，そうですねー……ちょっと自分で頑張ったこととかが取り上げられなかったりすると……何か対等じゃないんじゃないかと言うような感じ……。

——土足で踏み込む，っていうのは，例えばどんなことを指しているんでしょうか？

　私なんかが営業でポリシーにしていたことっていうのが，営業っていうのは十人十色ですから，やり方っていうものがあるわけじゃなく，ですから，自分らしさというか，まあ私でしたら"○○○子"という色を市場で出せればなあ，で，私は大もとは女性ですから，それは女性らしさにつながるということで，例えば下の後輩とかに話をして欲しいとかいうことになると，やっぱり，「なぜ女性を採ったのかという，人事の大もとにかえって考えてみたら，男性の方が良かったら男性を採るんだよね。でも女性にしかできないことがあるんじゃないかと思って，女性である存在価値とか存在理由があったから私たちは採用されたんだから，女性特有の心遣いだとか気配りだとか，そういうのが自然に，自分らしさの中で出る営業というのが，私自身目標としていることなんだよ」って話をよくしていたんですね。でも，気配りとか心配りというのが，ただの，小売店さんの……お手伝いさんというか……になってしまったら，それは違うと思うんですね。ただ，こまめこまめに店を片づけるだけ，きれいにしてくれるだけ，だから都合の良い便利屋さんになってしまったら，それはコンサルティング・セールスじゃないですから……。小売店さんにとっては，ねえ，来てくれたら便利ですけれども，それ以上の付加価値を持ってくる人間では，ないんですよねえ。でもそれが，何ケースも陳列したと，ポスターも何枚も貼ったよと，そういう，私はそういうのは必要ですけれども二次的なこなしだと思うんですけど。まあからだ動かしますから，へたに労働実感はありますよね。その中だけで終わってしまっているというか，その中でやっぱり終わってしまって，伸びれないというか次が見えてこないというか。自分の中でも，やっぱり違うんじゃないかという疑問は出てきますよね。それ以上のところに上がっていけずに，私はこんなことするためにこの会社入ったんじゃないのよ，というところに結論をもってしまうというか。決して会社は，陳列ばっかりやれとかポスターばっかり貼り替えろということを営業に言っていたわけではないと思うんですけれども，上の言うことがそういう風に聞こえてしまうスタイルでしか営業ができなかった子がいると思います。あと，やっぱりどうしても，変な意味で女性ということで扱われていることに甘んじてるうちに，会社の中での長期的ビジョンがもててないっていうか，最終的に，じゃあ……男性よりも中長期で見なきゃいけないときと，超短期で見なきゃいけないときって，女性の場合あると思うんですよ。人生の山が男性よりも，短いスパンで来ると思うんですね，結婚でも，妊娠でも。その

たんびに人生考え直しますから。だから，その分，3年後の自分はどうなっていたい
とか，うん，でも3年後を考えるためには，大もとで，じゃあ50歳の自分は何をやっ
ていたいの，とか，おぼろげながらでもいいから，ベクトルをもっていないと，男性
以上に会社の中で迷子になると思うんですよ。今のポジショニングが分からなくな
るっていうか。だから，それがもう，ない状態が当たり前になってしまって，で結局
……うーん……結婚とか，で当たり前のように辞めていってしまったというのは，あ
ると思います，はい。

──実際に，辞められた方というのは，どれくらいいらっしゃるんですか？
　私の代は，6人中2人です。2期生は，120人いて，その4割くらいが辞めています
から，歩留まりという言い方は良くないんですが，6割くらいということですか。そ
の次の代が，100人中，45人（歩留まり）くらいですかね。

──もう総合職は，現在7期目ということになりますが，一期生という立場から見て，どうでしょ
うか？
　もう，ここまで来ると，ふるい落とされて粒が揃ってきたかなって感じですねえ。
私たち一期生の何を見て，次の年に一気に100人も採ったのか，私には人事の考えが
分かりません。
──今現在，ぶつかっている葛藤というのは，どんなことでしょうか？
　今は，女性に対しての偏見というのは，もう7年経ちまして，社内ではなくなって
きていると思うんですが，また今度ママさん社員というので去年の4月から一人目に
なってしまったわけですよね。そうなると，今の上司たちというのはまだまだ育児に
参加してきた世代の方たちじゃないですよね。ですから……まず，育児というものが，
どういうものかという基本的な認識がまったくないので，保育園の預け始めっていう
のは，考えられないくらい突発的に熱を出したり，体調崩したりしますけれども，そ
ういうのがやっぱり分かってもらえなかったというか，「Cさんの子どもは特別弱いん
じゃないの？」と。そうなると，病院から正常というか，普通なんだという診断書を
もらって来てくれないかと言う方がおられまして，，，涙が出ましたね。「特に病弱だ
としたら，君をこの部署に受け取るっていう最初の構想と，こっちもかなり君の上司
になるに当たって，こちらも考えるあれが違うようになってくるので……」。でも子
どもってこういうものなんだよって，いわゆる証拠物件が欲しいってことですよねえ。

──その上司の方は，誰に対して証明したかった，というわけですか？
　自分の中で納得したいってこと，だと思うんですよね。私のためでもあると思うん
ですけれども……各方面に管理職として部下のマネジメントをする上で必要なこと
だったとは思うんですけれども。その上司は，どなたに聞かれたかは分からないんで
すけれども，同じように働いているけれども，君の（子どもの）ように熱が頻繁に出
たりとかは聞かないんだよね，というふうに比較されたのが，子どもレベルで比較され

たのが，すごくショックだったんですね。

──それで，どうされましたか？
「そんなものを提出するまでもなく，うちの子は他の保育園の子どもと比べても，普通です」と。ただ，「部長はどなたの例と比べたかは分かりませんが，子どもが熱を出す出さないだけじゃなく，イレギュラーなときにどういうフォロー体制があるのかという環境は，人それぞれ違いますよね」と。ダンナさんも休みやすい仕事の家だとか，実家がそばにあるだとか……多少遠くても，お父さん，お母さんがリタイヤされているので，すぐ飛んでこれるとか，いろいろあると思うんですねえ，千差万別で。そういう違いもあるので……。うちは，両方の両親とも地方で4人とも現役で働いているので，実家にも頼れないですし，主人もなかなか時間は物理的に難しいところがある，と。そういうのをきちんと説明した上で，「まあ，わかりました。じゃあ，君の言葉を信じます」ということで。というか，そういうことを最初に聞かなかったのは悪かったけれども，ということで，○○君（Cさんの子ども）は本当に元気な子で，そういうもんなんだということで理解させてもらいます。じゃ，慣れてきたら，来年もこういう状態ではないといことですね？ということも聞かれたんですね，2年目になったら。それはもう，「確実にそうです，とは言えませんけれども，そういう形で，あのー，保育園のストレスでやっぱり疲労から熱を出したりとかいうのは，2歳になるということと1年過ごしたということで減るとは思います」と。逆に今度は長期に休まなきゃいけないような病気とかも拾ってくると思うので，それは福祉事務所からもらう手引書に，このくらいの病気はこのくらい休ませなければいけないっていう，罹病の目安がありましたので，それもきちんとお渡しをして。自分でもじゃ説明不足だったんだなあ，と。その上司の人を責めるわけでなく，うーん，自分が働きやすい職場は，自分で先手先手を打って，まあ本当にインフォームドコンセントじゃないですけど，本当に説明は十分にして，資料ももうお渡しして，そういう土台を，営業んときと同じだあ（笑），作っていかなきゃいけないんだ，っていうことはありましたね。

──職場に復帰してから，何度も会社を休まれたりとかがあったんですか？
というか，予想されたことだったんで，その手引書といのはもう入園前にもらいましたから，復職する前に3月に2回ほど人事部に行きまして，やっぱり「何が一番復職に当たって不安ですか？」って聞かれたときに，システムが揃ってないのは二の次で，それは戻ってから徐々にでいいんですけど，戻る先の事業場長の意識っていうんですか，子どもっていうのはやはり測れないものだと，うーん，それに伴って仕事に不都合が起こるかも知れないということを，事業場長の方に本当に浸透させていただいてないと，そういう精神的なもの，うーんまたお休み下さいって言わなきゃいけないとか，それを苦痛に思うような復職だけはしたくありませんていうことをとにかく一番言ったんですね。

──その人事部との話し合いというのは，どちらの方から...？

　私の方から，「もう１カ月後，復職になりましたけれども，お時間いただけないでしょうか」ということで，保育園の資料をもって行きまして，時間をとっていただきました。こちらから働きかけて。それで，やっぱり一応原職復帰ということで，マーケティング部に戻るというのが原則だったんですけども，たぶんすぐ辞令があるなというのは思ったんですね。マーケというのは，出張と接客とかが主体ですから，仕事の内容からいってかなり難しいと思っていたので，マーケの上司ともあと１カ月で復職ですねという話はしていたんですけど，今言った事業場長の意識のもってもらい方というのは，行った先の事業場長に言うよりも戻る前に人事部レベルでお話ししていただくべきことだと思ったんですね。個人的に，配属になってから事業場長に言うべきことではなくて，戻る前にもう会社レベルっていうんですか？部下からの話というよりも，制度とか考え方として人事部長からいって欲しい話だったんですよ，そのときは。で，１カ月ほど前に人事部に話に行きました。ところが，それが実際には話がされてなかったんですよ，人事部から事業場長に。それから，お渡ししていた福祉事務所の罹病の目安という紙も事業場長には行ってなかったですし。結局，人事部止まりだったんですね。それは，人事部が分かっていればいいというレベルだと思ってしまったのか，次行程を考えなかったのか……。だから，人事に理解してもらっても，人事部で毎日勤務するわけじゃないですから，勤務表のレベルで，休みがちでも子どもの看護なんだからしょうがないなって分かってもらう，もう，前段階の話ですよねえ。だから，それは上司にこういう話があってから，人事部に，復職前にお願いしていたことがされていなかったですね，という話はしました。

──人事部の方は，どうおっしゃってました？

　申し訳ないと。（事業場長の方から）そういう発言が君に対して出ると思わなかったし，まあ，資料という物理的な面でも出していなかったので，申し訳なかったっていうことですかね。

──上司のその発言というのは，復職してすぐだったんですか？

　復職して，３カ月くらい見ていて，休みがちだなあという感じですから，７月くらいですかね，その発言があったのは。もう自分も，自分の任務で精一杯だったので，また人事部へのフィードバックというか，自分なりのまた，復職前にしたような働きかけがなかったなあというのは，すごく反省しているんですけれども。つまり，人事部から私の上司に話が回っているのかどうか，確認なりを怠っていたというのもありますけれども，それはすごく反省してます。

──まあ，反省があるとすれば……

　ええ。ていうか，本当に自分の働きやすさは，もう自分で作っていかなければいけないっていうのは，もう営業の時から，もうその度その度に思っていることなので。

何か問題があると，やっぱりじゃあ何をしてたらこうならなかったのに，してなかったのかなあっていつも思ってしまうことなんですね。何か問題が起きると，そのときどきで知恵を絞るという感じですか？結局，起きてしまってからだと，やっぱり事後策というか，それでやっぱりどこかが気まずい思いをしたり傷ついたり，どうしても泥縄なんですね。でも，そうなってからじゃないと，自分も言っておけばよかったと分からなかったこともあるので……。でも，起こってからでも，こうでしたと正直に言おうと思ってます。ただ，自分でできることもあったわけですよね，人事に渡しただけじゃなく，自分で上司にも渡しておけばよかったということもあるわけですから。逆に，自分からの働きかけで事前にできることっていうのも，改めてこの事件があって見直したっていうのもありますねえ。

―――その働きかけといのは，基本的に有効なものとお考えですか？というのは，例えば，いくら言っても無駄だとか言うだけ損ということもあると思うんですが。

　とりあえずは，言うだけ損ということは，私は誰に対しても思ったことはありません。一いって十わかってくれる人と，十いっても一しかわかってくれない人というのは個人レベルでありますけど，言ったことがマイナスとか，何にもならなかったどいうのはとりあえずありません。やっぱり，意思表示とか説明というのは大事だなというのは思ってます。あと，これは入社当時から思ってるんですけども，採用の時になぜこの会社に決めたかって大もとに戻ると，「君たちの声で，女性が働きやすい会社にしていきたいんだ」というのが，私がこの会社に決めた理由なんですね。だから，これがしたいとかちっちゃいことが会社に入ってからの夢じゃなくて，大もとですか，女性が働きやすい，働き続けていきたいと思えるような会社になるという，その一環になれるんだという自分の声とかすることとかが全部それにつながっていくんだという中で働いていけるんだというのが，私がスパンとこの会社に決めた理由んで……。

―――「君たちの声で，女性が働きやすい会社にしていきたいんだ」というのは，何か面接とかで聞いた話なんですか？

　そうです。それから，誰と会っても感じましたし……。でも，じゃあC社は働きやすい会社かっていうとそうじゃなくて，制度もシステムも何も揃っていませんって言われたんですね（笑）。だからほんとにゼロから，君たちに入ってもらってゼロからの出発なんです，と。例えば，うちはこんな制度も揃っていますとアプローチしてくる会社がいっぱいある中で，うちは何もできてませんと，言って来たのがうちの会社なんですね。

―――それを聞いてどう思いましたか？

　正直だな（笑）と思いましたし，本当なんだろうなって思いましたし……。だから，逆にもうこうっていう形のシステムでも雰囲気でも出来上がっている会社よりは，自

分たち次第で変えていく，作っていく会社なんだなということで。もうすでに女性が働きやすい会社っていうのは，そこにもやっぱり一期生がいて，その方たちが苦労して作ってきたものが今形になっている会社だと思うんですね。その恩恵を蒙るよりは，自分が10年でも20年でもやったことが，10年後20年後に会社を選ぶ子がこの会社って女性が働きやすい会社だよね，という会社になる道筋になれるという方に魅力を感じたんです，もうできてる会社に入るよりは。

───そういう感じで入社してから現在までで，Cさんが考える働きやすい会社というのは，どの程度まで実現して来ていると思いますか？

　いや，あのー，その都度その都度こちらからのニーズも増えるでしょうし，会社にやって欲しいことが100決まってて，っていうんじゃないですから，そういう評価はできないですけれど，今までその都度その都度自分に返ってきたものという意味で考えたら，私は80点くらいは会社に対してはつけられるかなあ，と思ってます。というのは，じゃどんどん制度ができたかっていったら，そういうことではないんですけど，少しずつでもいいから，働き続けていこうという女性の言葉を吸い続けていこう，吸っても応えられないこともあるけれども，とにかく聞き続けるよっていう姿勢は一貫して変わってないと思うんですよね。そのパイプは，やっぱり太くなったり細くなったりすことはその時々であります。でも，閉じられては一回もいないと，つまりこっちからなんにも言えない人事部とか，もう言う気もないとか，そういうのは一回もないので，うん，それはありがたいなと思いますね。一つ一つ蓄積されて，3年かかったけどこういうものができたねとかっていうのは，ああフィードバックされているなと言うのは自分の中で実感しているので……うん。

───今までお聞きした以外に，周囲や会社に働きかけてきたことにどんなことがありますか？

　あとはもう，精神的な，上司にこういう状態で戻るんだということを分かって欲しいのと，次にやっぱり経済的な面というのもありますから，何があるか分からないときに最低限の保障として，ベビーシッターというのが最後の最後のときにどうしても使わなきゃならないときがあると思うんで，会社レベルで何かしていただけることってないのかなあと，自分でも1年間育休とってる間に個人的に資料は集めたんですけど，会社レベルで何か補助なり支援をしてもらえることはないんだろうかということで，ベビーシッター協会と法人契約をして，会社がクーポンという形で金銭的な援助をするっていう制度があるって言うのを知ったんですね。で，復職の1か月前に人事にお話をしにいったときに，是非うちの会社も法人登録をして，最低限の下敷きというかマットを敷いておいて欲しいと思ってるんですね。

───人事の方っていうのは，何人もいらっしゃると思うんですけど，話をしに行く時っていうのは，大体いつも同じような方に話に行くんですか？

　ええ，産休に入る前なんですけども，1年間ずっと家にこもるわけですから，窓口っ

ていうのを明確にして欲しいと，何か困ったことがあってもこれは給与課に言って下さいとか，これは福利課に，これは人事課に話さなきゃいけないということになると，こちらも疲労しますので，申し訳なけれども人事へのこちらから産休で家にいる者への窓口は一本にして欲しいということで，その人からどこの課に振るかは，その人に申し訳ないけどしてもらうことにして，私が産休入る前に教えて下さいとお願いしたんですね。

───産休育休に限らず，そういうリクエストを受けたことはないんではないかと思うんですけれど，人事の反応はいかがでしたか？

　そうですね，でも会社から離れる人間の不安とか，そ，そんなことを考えつくんだってこと自体考えつかないですよね。なのでやっぱり，びっくりはされていました。でも，わかりました，そうですねえ，と，何でもやっぱり会社からもこちらからの問い合わせもツーウェイでできる方が良いでしょうから，ということで，人事の中でもみんなに話しやすいと言われている人が窓口になりまして，もう1年間はずっとその方に……。あと，やっぱり情報にうとくなりたくないので，広報部から送ってもらうのか人事部から送ってもらうのか分かりませんが，その社内報とかいうのが回りますよね。そういうのは送るというのに決めたらどうでしょうかって，提案したんですね。私が個人的に1年間欲しいというんじゃなく，産休育休に入る女性には必ず給与明細などと一緒に，社内報は送る，会社とつながってるんだという安心感があるだけで，私は全然違うと思いますっていいました。そういう提案をして，私のあとから（産休に）入った方にも届いていたようですから，ちゃんとしたシステムになっているかどうかは分かりませんが。されてると思います。

　ですから，やっぱり，すごい利己的ですけど，いかに自分が自分で自分の足下，働きやすい方に作っていかなければどうしようもないと思うんですね。何かを当てにしたり待っててもダメだと思うんです。ある程度のサンプル数というか声が大きければ自然の流れでできていくというのもあると思うんですけど，うちの場合，もう一人二人のレベルだと待っていてもダメだと思うんですよ。ですから，他の会社の人とか話してたりすると，そんなのがあったら便利ですよね，って気づかずにいることまだまだあるんですよね。必要なのかどうかも分かってないことも，かなりあると思うのでそれはこれからの自分の課題だなって思ってるんですけども。少し落ちついてきたら，社内のママさん社員とか，いまやっとパソコン通信に入ったので，そういう方たちともいろいろは成して情報を得ていきたいなと思ってるんですけども。

───ところで，雇用機会均等法，今年施行10年目ということなんですけど，これについては，どのようにご覧になっていますか？

　雇均法に関しては，勉強不足で，私，実際には文面だとかは詳しくは知らないんです。ただ，実感としては，名ばかりの雇均法としてしかしてこなかった会社と，本当の意味で雇均法というのを噛み砕いて，自分の会社の血肉化にしてきたところと，あるな

あと。自分は後者の会社を選べた，と思っていますね。やっぱり大学時代の友だちもほとんどが総合職という形でいろんな形で会社に入っていきましたけど，ほとんどが名ばかりというんですか，雇均法どこ吹く風というかコンクリートの壁ができていて，すごく優秀なやる気のある女性が仕事ということに関して，あきらめをもってしまった女性も多々いたので，その意味では私なんかとても恵まれていたと思っています。

───例えばこの法を，自分の働く環境を少しでも快適なものにする上でうまく活用するとしたら，どんな使い方が考えられますか？

　実際には，会社選びのところから始まると思うんですよね。いろんな会社に，一長一短ってあると思うんですが，長というのが自分にとってどれだけ大事で，短というのがどこまで目をつぶれるかというバランスで選ぶしかないと思うんです。それで，自分には絶対に譲れないっていう価値観てありますよね。それが，会社の長っていうところにどれだけ実現されているのか可能性があるのか，っていうことになりますよね。私は，とりあえず絶対に譲れない点ていうのは，女性が，自分は一生働く，働き続ける，これだけでしたから。ですから，子どもを持つと，子どもを含めて働きやすいというニーズが出てきますよね。でもそのコアは，本当に私は一生働きたいと。そのためには，個人レベルでどうしても乗り越えられない壁とかにはぶつかれないわけですよ。そのためには，どういうシステムでフォローして欲しいいのかとか，自分から働きかけなければいけこととかも出てくるんで。本当にコアだけは変わらない，そのコアを崩さないために，いろいろしてるってことだと思います。

───例えば，周囲の人ととかに話をもっていくときに，一体だれにもっていけばいいのかとか，自分自身どんなニーズをもっているのかというのは，いつも自分で分かっているんでしょうか？

　いえいえ。やはり，戻りたての頃とかも，どうしてそんなに子どもかわいいっていうのに今戻んなきゃ行けないのとかもいろんな人に聞かれましたし，そういわれたときに明確な言葉で答えられないんですよ。子どもかわいいし，ずっとそばにいたいし，じゃあどうして保育園にまで預けてまで今私戻ってるんだろうというのは，今でも気持ちを100%はうまく言えないと思います。でも，いろんな言い訳とか考えたんですけど，答えはやっぱり働きたいから働いているんだということしかなかったし，それを一個人のエゴと採る人も，母親の方のエゴと取る人，失格と取る人，いろいろいると思います。一つひとつのリアクションに悩んだりとか，あの人の子どもはかわいそうだなっていうのってあるんだろうなっていうのもあって，何かにつながると自分の夢だけは崩したくないというのがあったし，それを崩したら母親でも妻でもなくなるので……。

───自分のニーズを自分で見つけられるというのは，例えばどんなときが多いですか？

　歯に衣を着せずにいってくれる人が多い分，ショックを受けたことも多々ありますし，参考になったこともありますし，その中で自分が言葉を返そうとすると，もう一

回自分の中でいろいろ考えてますよね．その過程でもう一度自分が見直せたり，あっ，こんな風に思ってたんだなと自分で再認識，再発見したこともありましたし……。

　どうしてうまく言えなかったんだろう，ということで，その場で言えなかったけど考え直すキッカケになったり，この数年間が対等にしていただいていたスタンスがそのままだったので，その意味ではありがたかったなと思っています。

───例えば，社内報を送ってもらうとかいった提案というかアイデアは，自分の頭の中から出てくるものなんですか？それとも，誰かからの知恵なんですか？

　人事とかいろんな部署や人と話をしていて，それがキッカケになることが多いです。そこから自分を掘り下げたところで，じゃあ産休・育休に入る前になんでこんなに不安になるんだろう，と考えて，今まで毎日見ていたはずの数字やトピックに触れなくなるということで，いわゆるブランクというのを持つのを不安に思っているんじゃないかな，という第二段階に入りますよね。それを少しでもなくする，自分にしてもらえることに何があるの？と，探した場合に，まさか日報を送ってもらうというのは無理ですよね。じゃあ何だろうなと考えたときに，月に1度の社内報をもらう，あとはいろんな制作物とかができてるんですね。じゃあそれを送ってもらうというのでいいんじゃないのかな，って落ちていく。で，どうするか，といのは自分の頭で考えるにしても，そのキッカケになるのはほんとに周りのひととのやりとり，コミュニケーションの中からがほとんどだと思います。

───先ほど，会社に対して80点をつけられましたが，その採点ポイントというのは，どのへんにあるんでしょうか？

　うーん，何か，最もワーストを考えれば，そもそも聞く耳を持たないとか，そういうレベルがありますよね。次の段階として，「言いたいよ」というリアクションをすれば，聞くだけは聞くというのが，まあ次だと思うんですよね。で，言ってすぐ解決とまでいかないまでも，自分の中で，納得というか，スッとしたというレベルがありますよね，吐き出せたというか。で，ベストな状態として，言ったことに対して何らかのリアクションが必ずあるよと，できるでもできないでも言ったことに対しての，個人でも部でも会社でも，私の場合には必ずあったと思います。

　あとは，あるように投げかけるのも，自分のテクニックかなって思います。どんな言い方してもどんな言葉で言っても必ずリアクションがあるというわけではなくて……私はやっぱり「あなたの考えが知りたいのよ」という投げかけをすれば，返ってくるんだと思うんですよね。だから，やっぱり聞くだけ聞いてくれればいいのよという投げ方をすれば，返ってくるものも返ってこないというか，この人はもうただ吐き出したかったんだなと思われるだけですから……。そうじゃなくて，あなたの意見を聞いて私はもう一回考え直したい，あなたの考えを知りたい，っていう態度で話すっていうのが，最低限のマナーだと思うんですよね。

───例えば先ほど，権利だけを主張して，うまく相互のニーズを見つけられずに辞めていった，

という人の場合なんかだと，その本人の話のもってき方がうまくなかった，ということでしょうか？

　それは，両方あると思います。つまり，本人の話し方がうまく相手の反応を引き出せないような話の仕方だったという場合と，たまたま反応が出やすいような場を作れるような相手じゃなかったということもあると思います。

　うーん，やっぱり聞くだけ聞いてくれればいい，という態度は，やっぱり失礼だと思うんですよね。その人も自分のために時間を作ってくれているんですから。最初から，聞いてくれればいいのよという態度は相手にも絶対伝わると思うので……。

　私は，うちの会社は，みんな親身な方がほんとに多いと思うので，真剣にあなたの考えが知りたいっていう態度で，その言葉で働きかけたら，何もリアクションくれない人っていないんじゃないかな，って思うんですけど。ずっとそう，やってきたので，人に恵まれてたのかも知れないですし，そういう人をそういうふうに作ってこれたというのもあると思うんですよね。私があなたに働きかけるときは，必ず自分に何かくれると思って話してますから，必ず何か返して下さいよ。そういう土台づくりというかは，まあ，してきたつもりですけど。

───会社の中でいろんな働きかけをするとき，その相手方というのは，生身の人間ですか，それとも組織ですか？。つまり，何に向かって話をしているという感覚ですか。それとも，そういう風に区別することにあんまり意味はないですか。

　先ほど言ったような，法人登録をして欲しいとかそういうレベルだと，人事部に対して，部にもの申しているつもりで，その話をしたいんですがといって出てきた人がたまたまその人だったということです。で，自分からこの話に対してのアドバイスを聞きたいなというレベルの時は，たまたまその人が人事部の人という場合と，人事部であるその人から見たとき，こういうママさん社員っていうのはどう見えるんだろう，と二つあるので。でも，最終的には部に対してこういうことを言いたいときでも，部に対しての持ちかけにはそれ相当の形式というか形になってないと，自分の中の箇条書きレベルの思いつきでは説得力も実現への道も遠くなっちゃうので，人事部に働きかけたいために個に対して働きかけるというのはあると思います。ただ，人事部としての考え方とか，これはできる，これはできない，その線引きが見えないことって多いですから，そういうときには人事部に所属している個人に話すことはありますね。

▶§3＿　注目voiceと問い　「そんなものを提出するまでもなく，うちの子は普通です！」

【1】　経過の確認

　C氏はある会社の総合職一期生として入社した女性である。結婚，出産の後，満1歳まで育休を取った。前章のI氏同様，育休取得は社内で初めてのケース

だった。復職の1か月前，人事部に保育園の資料をもっていき，子どもの看護のために休むこともあるかも知れない，そのことを復職先の上司になる人にも伝えておいてほしいと依頼した。復職先の部署は別の部署になったがとくに問題はなかった。

　ところがしばらくして，保育園に通い始めた子どもの急な発熱等で会社を休まなければならない日が出てきた。復職して3か月頃上司に呼ばれ，子どもの健康診断書をもらってきて欲しい，もし病弱だとしたらC氏を別の部署に移さざるを得ないと言われた。

【2】　注目 voice

　上司から預かり拒否を示唆されたC氏はこう返した。

　　そんなものを提出するまでもなく，うちの子は他の保育園の子どもと比べても，普
　　通です。

　この事例の注目 voice は，何といってもこの一声であろう。診断書の結果で配置転換するかどうか判断すると迫った上司に対し，「そんなものは必要ない！」とバシッと切り返す，いわば啖呵を切る現場を目の前で見た瞬間でもあった。このインタビューをしたのは，新宿東口にあった8階建て飲食店ビル内の満席の喫茶店で相当騒がしかったはずだが，不思議とこのときは周囲の声が邪魔にならずすべての話が耳に入った。

【3】　問い

　この声の迫力と同時に，それに続く言葉には，忍従でも喧嘩別れでもなく相手に物言いをして共同体を生きていくときの一つの「方法」「ワザ」が含まれているように思われる。以下ではC氏の voice 行動にどんな話法的特徴があるのかについて検討してみよう。

▶**§4__　一つの解釈　"経験"話法**

【1】〈この私〉を出して語りかける

　「うちの子は普通です」と切り返したのもそうだが，その直後に言った次の言葉はさらに重要である。

　　どなたの例と比べたかは分かりませんが，子どもが熱を出す出さないだけじゃなく，
　　イレギュラーなときにどういうフォロー態勢があるのかという環境は，人それぞれ違

いますよね。ダンナさんも休みやすい仕事の家だとか，実家がそばにあるだとか，多少遠くてもお父さんお母さんがリタイヤされているのですぐ飛んでこれるとか，いろいろあると思うんですねえ，千差万別で。うちは実家にも頼れないですし，夫もなかなか時間は物理的に難しいところがある。

　自分が置かれている状況を，他でもない自分を主語にした経験ベースで語ろうとする。上司が子どもの診断書を要求してきた意図はわからない。かりに，病弱だということを示唆する診断書を出したらどうなっていたのか。出した時点で交渉関係で負けだということはあるにせよ，本当に出したら看病のために休むことを容認するというのか。病弱なら預からない，健康だったら休む理由はないといって，どっちにしても放り出すのか。

　わからないが，「正常である」あるいは「〜〜症状が認められる」といった世間一般で通用する力をもったカテゴリーでもって，管理者としての自己の行動を社内で正当化しようとしたかっただけだとしたら，このときの上司は，直前の第9章で示した "慣用句" 話法で語るための資源を診断書に求めてきたともいえる。

　これに対しC氏は，自分の経験をそうした通念的なカテゴリーで語らされることをきっぱりと拒み，逆に自らの困難な状況をまさに自分の体験でもって語ろうとする。世間一般でどうなのか。そんなことは関係ない。「環境は人それぞれ違う」ことをまず認めさせた上で，「うちは」それができないということを説明していく。この語り方において，「一般的にどうなのか」「普通は」を基準に問題解決を図ろうとしたI氏と対照的である。もちろん，どちらが良いとかの問題ではなく，語りかけのモードにはっきりした違いがあることに注目したい。C氏は，一般がどうか，この上司が知っているらしい「同じように（子どもをもって）働いている」がそんなに頻繁に熱が出ない「誰か」ではない，「この私」の「今の状況」がどうなのかを見よと要求する。この語り口を，仮に "経験" 話法と呼んでおこう。

【2】　〈わがまま〉との定義を避けるワザ

　もちろん，この話法には危険もある。それはあなたのわがままですよね，君だけ特別扱いするわけにはいかないですよね，として否定される危険である。実際この事例では，わがままだとしていきなり否定はしていないが，簡単に引き下がるような上司でもなかった。

上司「まあ，わかりました。じゃあ，君の言葉を信じます。そういうことを最初に
　　聞かなかったのは悪かったけれども」「○○君（C氏の子ども）は本当に元気な
　　子で，そういうもんだということで理解させてもらいます。」

　上司の，「君の言葉を信じます」「理解させてもらいます」という言い方に引っ
かかる方も多いと思う。日常会話で相手が言ったことにいちいち信じますとは
言わない。「じゃあ，あした10時，駅の南口改札出口に参ります」とあなたが言っ
たあと，「あなたのことばを信じます」といわれたらどうだろうか。あなたを
100％信用していない，けど信じることにする，裏切ったら大変なことになり
ますよ，と聞こえる人も多いだろう。
　粘り強い上司は，さらに，これまでのことはともかく来年以降のことについ
て約束を迫ってくる。「ですか？」ではなく，「ですね？」という，ノーが言い
にくい否定疑問文的な表現で。

上司「じゃ，慣れてきたら，来年もこういう状態ではないということですね？」
C氏「2年目になったら，それはもう確実にそうですとは言えませんけれども，そ
　　ういう形で，保育園のストレスでやっぱり疲労から熱を出したりとかいうのは，2
　　歳になるということと1年過ごしたということで減るとは思います」。

　C氏自身「今度は長期に休まなきゃいけないような病気とかも拾ってくる」
ことが多くなることを想定し，福祉事務所でもらったパンフレットを援用する。
そのパンフレットには，子どもがかかりやすい病気とその治癒にだいたい何日
くらい要するのかの目安が書かれている。
　C氏は，今度はパンフレットの中にある通念的な語りでもって「説明」を補
強をする。このパンフレットに書かれている語りは「医学的」知識，「公的」
機関発行という意味での通念性をもっているが，同じ通念性でも“慣用句”話
法とは全く異なる。I氏のケースの組合の文書は「不利な扱い」「降格」「撤回」
等のカテゴリカルな語り口であるのに対し，このパンフレットではこれこれの
場合にはこんな症状が出てこれくらいの休養や対処が必要になるといった文脈
的な語り口になっているのである。もちろん，実際には子どもの体力や体質等
によって症状も休養期間も異なってくるが，一つの目安として例えばこんな場
合はこうなるということを例示的に語るわけである。パンフレットを援用した
C氏のこの語り方は，“例示”話法とでも呼んでおこう。

図表10-1　語りの４つのモード

```
                          通念的
                            │
          "慣用句" 話法    │    "例示" 話法
                            │
カテゴリー ─────────────┼───────────── コンテキスト
                            │
          "造語" 話法     │    "経験" 話法
                            │
                          体験的
```

　結局このケースでC氏は，"経験"話法を基点にしつつ，それが「わがままと受け取られぬよう」誰かの声を腹話し，他の話法も併用しながら状況に働きかけている。

【3】　話法の４象限モデル：語りの４つのモード

　ここまで示してきた３つの話法・語り口の位置関係を視覚化したのが，図表10-1である。

　座標の縦軸は,何でもって語るかの次元であり,「通念的」な事柄で語るか「体験的」な事柄で語るかの次元である。横軸は,一定の文脈・前後関係に沿って「コンテクスチャル」に語るのか，文脈から離れて「カテゴリカル」に語るのかを示す次元である。このクロスカット図をベースに，それぞれの話法の特徴を再整理してみる。

　①　"慣用句"話法

　この話法は，I氏のケースに典型的に現れていたものである。組合から会社への語りかけは，I氏自身の体験を超えて,「不利な扱い」「降格」「撤回」といった通念的なカテゴリーが使われていた。

　今回紹介していない他の調査対象者E氏のケースでは，妊娠を会社に伝えた時点で上司や同僚から露骨に退職を勧められた。彼らは「母親としての責任」「命の大切さ」といった慣用句を使ってE氏に干渉してくる。E氏は，それ以上話し合う価値もないと判断し,「そういうことは,あなたの奥さんに言って下さい」とだけ言い残して会社を辞めた。

　G氏の場合は，会社側の給与体系の管理ミスから自分の賃金が勤続年数の少ない後輩の社員を下回ったまま放置されていたことを問題にして会社と話し合いをしたが，会社側は「それはミスによるものではなく，あくまで査定の結果

である」と言い張った。ここでも，「査定」という通念的な言葉を盾にして，それ以上の話し合いの扉を閉ざす。

　もちろん，"慣用句"話法には，聞かれるべき何かが語られているという強い注意喚起力はある。いうまでもなく，私にはこういう権利がるという主張は，強い通念性をもったカテゴリカルな語り口の中で最も強い慣用句話法であるといえるだろう。そのときどきの社会で周辺化された人びとがその声を「ちゃんと聞かれるべき」声としてひとまず相手に届けようとするとき，権利としての主張は声に大きな力を与える。

　しかし，本書で紹介するような，人びとの日常的な葛藤乗り越えの場面では，通念的なカテゴリーの言葉をただ持ち込むだけでは，交渉の促進にストレートに結びついていかない。

　② "経験"話法

　その意味で，自らの経験をストーリーで語ろうとする "経験"話法は聞き手から次の声を呼び込む力を秘めているように思われる。"経験" に基づく話法がなぜ相手から次の声を引き出し得るのかはよくわからないが，一つには，他でもない「この私」として呼びかけることで相手をも固有名詞をもった存在として引っぱり出す力があるようにも思われる。診断書の一件も，C氏は社員の一人，あるいは労働者一般ではなく，取り替え不可能な顔と名をもった「この私」として上司に語りかける。この呼びかけは，聞き手にも課長や部長といった役割カテゴリーではなく固有名詞をもった者として語らせるよう誘惑する。その証拠に，この上司はC氏の説明の後，「〇〇君（C氏の子どもの名）は本当に元気な子で」と，C氏の子どもを固有名詞で呼んでいる。

　③ "例示"話法

　この話法の一つの典型例は，罹病の目安というパンフレットを使ったC氏の語り方である。このケースでのパンフレットは，他者の語り（たとえば，医師や厚労省や福祉事務所など）を持ち込んで，自分ではなくその他者に「語らせる」というやり方を取る。ロシアの言語哲学者バフチンは，その対話理論のなかで，他者の言葉を取り込みながら話す行為を「腹話術」と呼ぶ。バフチンによれば，「人がその日常において最も多く口にするのは，他の人々が語ることがらである。」（バフチン：153）とし，われわれの日常の発話においてこうした腹話術が中心になっているとの見方を示している。

　"慣用句"話法も "例示"話法も，まさに他者の声を引用再現する「腹話術」

的要素を含んでいる。もっとも，診断書は「異常は認められない」「〜〜症状が認められる」といった結果だけを無条件に（categorically）提示するカテゴリー・データであるが，パンフレットではそれがストーリー型のデータになっている。文脈化された他者の声を取り込み，他者の声をして語らしめるのが，この"例示"話法の特徴である。

④　"造語"話法

この話法だけは，紹介したインタビューデータの中には直接出てきていない。個人的・体験的な事柄をそのコンテクストから離れて一つの単語にして語る，そういう話法が想像される。

例えば，9人の対象者のうち子どもをもっている親たちが共通に訴えていたのは，まさにC氏のように，子どもの急な病気で職場を休むときに上司や同僚に説明するときの苦労である。それは，休むこと自体の大変さだけでなく，それを説明するときの「語り」の困難でもある。「夜中から熱が上がり喘息の咳込みがひどくなって……」とか，他に代わりがいないことや何やかやの事情を毎回語るのではなく，何らかのタームがあれば，多少なりとも負担感の軽減になる。

当時はこの事態を表現する言葉がなかったが，今は権利の一つとして看護休暇という名前が与えられている。最初は，C氏のような経験話法から始まり，やがて保育園・小児科医院・社会福祉事務所といったローカルな生活場面で少しずつ造語化し，そして法的裏付けをもった慣用句へと，この図で言えば，ちょうど「右下→左下 → 左上」の象限に時計回りに語りが発展していったとみることができる。苦痛に言葉が与えられ，言葉が経験を組織化するという，相互エスカレーションのようなものがその背景にある。

ちなみに，「造語」を意味する英語coinageには，鋳造された硬貨という意味があるそうだが，看護休暇は年間5日分と不十分ながら，1枚1枚の権利のコイン（5日分を時間単位に分割して使えるので枚数はもっと多くなるが）には多くの親たちの経験を語る声が練り込まれているということであろう。

【4】「分からない人」とどう付き合うのか？――共同体を生きるワザ

職場の喫煙問題に関する第6章で取り上げたM氏のことを覚えておられるだろうか。社内で無用な喧嘩を避け，分煙制度の意義ではなく，排煙装置の設置を要望するという非人格的（impersonal）な方法で分煙を実現した事例である。

この方法は，たばこ問題に限らず，育休取得後の人事評価の非合理などにつ

いて職場で物言いをしていくときのコミュニケーションの基本戦略にもなっていた。すなわち，声高に主張要求するのではなく，ひたすら質問して答えさせる方法。「その時こう言ったのは，どうして？」「これはこういう風にすると，こういう風に困りますよね」と聞いていく。そうして，最終的に相手が気がついて，こうしないといけないですねと自発的に言わせるようにするという。

　相当高等な技法といえるが，共同体的関係態をこわさず，というより無益な摩擦から自分を守るようにしながら言い分を通していくときの可能な方法に思える。しかし，この方法にも限界はある。M氏本人も認めているように，「聞くだけ」の関わりから何かに気づいて行動や仕組みを変化させるところまでいけるのは，氏が言うところの「頭の良い人たち」であり，「わからない人」には効きそうにない。

　翻って，本章のC氏のやり方はどうだろうか。診断書をもってこいと言った上司は，ひとまず「わからない人」であり，簡単に引き下がらない手強い人でもあった。しかしそれでも，多少なりの変化はしている。

　その働きかけを，C氏は体験話法を中心に進める。その方法論的自信はどこから来るのか。インタビューのなかで，C氏はこう言った。

　　自分でもじゃ説明不足だったんだなあ，と。その上司の人を責めるわけでなく，うーん，自分が働きやすい職場は自分で先手先手を打って，まあ本当にインフォームドコンセントじゃないですけど，本当に説明は十分にして，資料ももうお渡しして，そういう土台を，営業んときと同じだあ（笑），作っていかなきゃいけないんだ，っていうことはありましたね。

　インタビューで一瞬涙を見せたC氏だったが，責めるよりむしろ説明不足を反省するなど，ある意味でどこまでも優等生的にも見えるが，その裏には，ちゃんと説明すれば必ずわかるという確信と，わかるまで説明をやめないという強い覚悟も見える。

　話せばわかる，は性善説すぎるという批判もあるかもしれないが，ここでC氏が述べているのは，人に対する信頼というよりも，働きかけという関わりによって相手も変化するという，関係への信頼，あるいは接触による変化への確信のようなものであろう。

　じつは，第6章，第12章でも紹介するキャロル・ギリガンの道徳性発達に関する調査に登場する少女エイミーも，C氏とまったく同じように「個別具体的

状況」に立って判断・行動しようとする。

　瀕死の妻を救うために，自分のお金では到底支払えない高価な薬を盗むべきかという「ハインツのジレンマ」課題に対し，男の子ジェイクは，薬屋の財産権と妻の生命の2つの価値を比較衡量し，生命の価値が優越するから盗むべきだと明確に答える。これに対しエイミーは，盗みに入ることは，かえって妻を悲しませることになるからしてはいけないと答える。

　さらに興味深いのは，薬を買うのに必要な費用を懸命に集めたが，価格の半分しか工面できなかった夫の状況について，「事情を話して，薬を買うお金をつくるなにか別の方法を見つけるべきだと思う」（ギリガン：44-45）と提案している点である。男の子ジェイクが，薬の価格をこの課題の動かない与件とした上で，それを財産権として抽象化したのに対し，エイミーはやってみなければわからないと考える。

　ここに現れているのも，他者の厚意への信頼ではなく，関わりによって人も状況も変わりうるという交渉可能性と変化への信頼のように思われる。葛藤解決の方法を質問されたエイミーの「状況次第（It depends.）」（ギリガン：59）という答えは，男性中心の正義の倫理観から見れば優柔不断で答えになっていないと映るが，それは他者へのケアに志向するもう一つの道徳性であるとギリガンは主張する。このケアの道徳性の基礎には，こちら側の出方次第で良くも悪くも状況が変わり得るという確信と，そうであるべきという強い倫理観が含意されている。

　つまり，最初から「わかる人」と「わからない人」が決まっていると考えるならそこで止まってしまうか,あとは強制力の導入に向かうことになるだろう。「わからない人」と決めてかかることが，いわばマイナス方向で予言の自己成就を生み，意固地にさせて関係断絶となってしまうことは，M氏の指摘だけでなく，多くの人が日常経験しているところであろう。そして，わからない人とは話さない，付き合わないことにつながり，その先には断絶や排除という関わり活動自体の死滅しか残らないのではないか。その意味で，C氏の戦略は，M氏のやり方では効かないと思われる「わからない人」にも適応可能な方法のように見える。

　もちろん,「今わからない人」も,わかる人になると信じる「ふり」をしてでも，置かれた状況を説明・説得していこうとする交渉戦略には，大きなエネルギーがいることも確かである。C氏は，育休から復帰する前に人事部に出向き，誰

が復帰後の自分の上司になるかわからない時点で，その上司宛ての資料や伝言を人事部に託すなど相当の仕込みを行っていた。もちろん，それが報われず診断書要求事件が起きた。人事部が上司にちゃんと伝えていなかったということになっているが，本当は伝えた上で起こった可能性も十分ある。

こう見ると，具体的な関係を生きる私とあなたの間での対面・対話には，大きなリスクやコストがあることは改めて言うまでもない。それでも，いやそれだからこそ，「わからない」人に語りかけ，関わりのマジックに賭けようとするのかもしれない。たとえば，第Ⅰ部で取り上げた大川小学校の親たちが，訴訟が終わり勝訴が確定した今も辛抱強く対話を求め続けている背景には，こうした「わからない人」との関わりから状況に変化をもたらそうとする強い思いがあるように思われる。

法や裁判，ADRや法律家は，関わりを求めそこに解決の糸口を見つけようとする人びとにどんな支援をしているだろうか。今後どんなことができるだろうか。

【引用文献】

バフチン，M.〔伊東一郎訳〕(1996) 『小説の言葉』平凡社

ギリガン，C.〔岩男寿美子監訳〕(1986) 『もうひとつの声――男女の道徳観のちがいと女性のアイデンティティ』川島書店

西田英一(2019) 「葛藤乗り越え過程における“人びとのやり方”」『声の法社会学』北大路書房，第5章

▶§5__ 法社会学的考察の糸口

（1） 第4章，第6章でも紹介しているが，共同体と権利の関わりについては，川島武宜『日本人の法意識』（岩波書店，1967），棚瀬孝雄「権利と共同体」棚瀬孝雄『権利の言説――共同体に生きる自由の法』（勁草書房，2002）を参照。

（2） 喫煙問題に寄せたものであるが，和田仁孝「たばこ訴訟言説の日常的脱構築」棚瀬孝雄編『たばこ訴訟の法社会学』（世界思想社，2000）は，裁判を通じて生まれた法言説が，日常の生活の場で曲げられたりジョークの中で無効化されたりしている様を鮮やかに分析してみせる。まさに，法や裁判の機能が，そのままの形で貫徹するわけではなく，日常の生活現場という社会過程の中で

吟味されていく様を描き出していて面白い。

　(3)　理論と実践の両方から今後の日本のADRのあり方を示す和田仁孝・中
村芳彦・山田恵子・久保秀雄『ADR／メディエーションの理論と臨床技法』（北
大路書房，2020）は，人びとの対話ニーズの強さとその実現困難を見据えた上
での，対話の可能性をさまざまな角度から追求している。

第**11**章__ 何気ない一言の衝撃　男性の育休取得

　本章では，「女性と仕事」に関する第8章から10章までの3つの事例のいわば応用問題として，「男性の育休取得」を取り上げる。最近になって，男性の育休取得等が奨励され，仕事と子育ての両立支援に政府も積極的に取り組んでいる。30数年前，保育園がいっぱいでなかなか入園措置がおりず，学童保育でもいろいろ苦労した経験からは，人口減少になって急に子育てに照明が当てられ持ち上げられているような印象も受ける。均等法施行当初の混乱の時代から，男性も女性も家族や私的生活とのバランスを取りながら仕事をする方向に少しずつ社会が変わろうとしているのか。それとも，根本的な社会構造は変わらぬまま，むしろ本質的矛盾が見えにくくなっているだけなのか。

　均等法施行から30数年後，その第2世代にあたる人たちが，育休制度とくに男性の育休取得をどう捉えているのか。実際に育休を取った男性を招いて2020年に行った授業でのゲストスピーチや質疑応答の一部を素材に検討してみよう。

▶§1__ 語りを聞く

【1】　概要

　2020年12月中旬，育休取得経験のある男性（K氏）を大学に招いて講演をお願いし，その後に質疑応答にも付き合っていただいた。

　講演者の簡単なプロフィールは以下の通り（年代その他は，講演当時）。

・30代後半

・民間企業（サービス業）に勤務。入社15年目。

・共働き，子ども2人。2人目が生まれたとき1か月間の育休を取得

・男性の育休取得は，この会社ではK氏が最初のケース

　私は，2人目が生まれたときに育休を取りました。取ろうと思った理由は大きく3つあります。

　一つ目は，子どもと一緒に過ごす時間が欲しかったということです。30歳で1人目が生まれたのですが，30歳というと，職場において，働き盛り，ちょっと古い言葉かもしれませんけれども，仕事に一生けんめいに私はなっていた時期で，子どもの成長は見守っていたつもりではあるものの，もっと一緒にいる時間が欲しかったなというふうに思いました。それで，2人目のときは，しっかりと時間を取りながら，子どもとの時間を大切にしたいなと思ったのが，一つ目の理由です。

　2つ目は，妻のサポートで，1人目が4歳ということで，多少は自分でものを言ったり，自分の意思で行動できるようになったものの，やっぱり4歳の子どもを育てながら，0歳の子どもを育てるというのは，非常に身体的にも精神的にも大変になる時期だということで，妻からも話し合いのなかで聞いてましたし，他からの意見もよくもらったところでした。ということで，育休取れないかと考えてました。

　とはいうものの，すぐに決断できたわけではなく，二の足は踏みました。正直なところ。二の足を踏んだ理由，ここはもう正直に話させてもらいます。一つは，やはり周囲の目です。自分だけが権利行使しているように思われないかとか，私が休んでいる間は誰かが私をフォローするわけなので，そこに苦労，重荷を背負わせてしまうなという，そういう周囲の目は気になりました。

　周りの理解が得られないのではないかなということをまず気にしました。同僚，私より10歳ぐらい上の方はまだ理解してくれてるかなと思いますが。20歳30歳上の年代は，男性が育休取るなんて多分元々の発想としてないんだと思うんです。なかったと思います。やはり，その方々からかけられる声ですが，たぶん無意識のうちにかけられる声で傷つくことはやっぱりあります。

　たとえば，育休に入ってからのことですが，たまに連絡をもらうわけなんですけども，「ゆっくり休めてるか？」とかっていう声かけもですね，休んでるわけじゃあないと。子育てをするために休業，仕事は休んでるけれども，育児というのは休みじゃないなというふうに改めて感じましたので，そういう一言一言というのには難しさを感じました。なので，周囲の目だけじゃないですね，周囲からの直接の声かけもあるかなと思います。これ本音です。

　2つ目の，収入の問題もあります，私は短い期間でしたけれども，育休中は給料はありませんので，国からの補償はありますけれども，やはりこの期間は給料としてはなくなってしまうので，生活できるのかなという不安はありました。

　もう一つは，自分自身のキャリアについての考えもあります。私のキャリアを決め

るのは誰かと言うと、まあ自分自身ではあるんですけど、やはりその会社でヒト・モノ・カネを扱いたいなと思ったとき、出世というかある程度の役職が必要になってくる。その役職を付与するのは誰かと言うと、さきほど言いました20歳ほど上の方々なんですよね。その方々の理解を得られなければ、自分は出世できないのではないかという不安は正直ありました。

　なので、このあたりをどう自分のなかで整理をするのか、3か月ほど考えました。その中で、最終的に育休を取ろうと決断したのは、やはり自分よりも10歳ぐらい上の方ですね、仕事でもメンター的な方々ですね。新入社員のときから面倒見てもらった方々、これから一緒に仕事、会社を支えていくであろう人たちから、すごく応援をしてもらいました。それは、自分自身が育休を取らなければ、若い人たちの主張だとか考えを理解せぬままにマネジメントをしてしまう恐れもある、ということです。なので、その方々は、ご自身の経験からも育休取ったほうがよかったと思われていたんじゃないのかなと思います。そういった意味で、その方々からすごく応援をしてもらえた。そのことで私は育休取得に踏み切れたかなと思っています。

　で、実際に取ってみてどうだったかですが、収入面の不安は残ると思います。会社によっぽどの制度がなければ、国からの補償分だけなので5割とか、減ります。それと、会社によりますが年に2回、ボーナスがもらえます。いろんな査定基準がありますが、出勤日数というのも査定の基準になります。1か月か2か月か3か月休むと、出勤日数が半分位なったり、6分の2とかになるので、支給額は間違いなく減ります。

　もう一つ、キャリアについて、出世の道がなくなるのではないかという不安ですが、これは私の場合は、心配しなくてよかったのかなと思います。強い思いをもって育休取れば、問題ないかなと思います。正直、私の場合、やはり同期の中では一歩遅れた感じはありました。私が育休をとったタイミングがちょうど昇格試験とかで、同期のなかでは（被推薦者として）名前が上がらなかったんですけど、今はありがたいことに認められて、役職ももらっていて、それは同期の中でも早い方でそれなりの評価もいただいています。

　それがどこから評価してもらえたかな、いろんな要素はあると思いますけども、やはり自分が育休を取った経験を部下指導、部下育成、マネジメントに活かすことができていることがあるのかなと、私自信は自己評価をしています。

　短期的な視点で見ると昇進は遅れるかもしれませんが、長期的に、これからビジネスの世界で生きていく中では、すごく活かすことができているのかなと自己評価はしています。

以下は，学生からの質問とそれへの回答の一部である。

　（学生）　育休取得前後で，会社での仲のいい人，たとえば同期とかとの関係が悪化したりとかそういうことはなかったですか？
　（講演者）　うーん，それはなかったです。同期ぐらいになると，この決断を応援してくれる人の方が多かったです。
　（学生）「いい意味でも悪い意味でも，会社の人に言われた印象的なことばはありますか？」
　（講演者）　さっき言った「ゆっくり休めてるか？」とかは，悪い印象をもったかなとか。それから，「ほんまに休むんか？」という念押し。これ，受け止め方によっては，圧力というふうに捉える人は捉えるのかな。それから，「いったい，休んで何すんの？」というのもありましたね。

▶§2＿　注目voice　　「ゆっくり休めてるか？」

　さて，短いデータではあるが，印象的な言葉がいくつかあった。その一つは，「ゆっくり休めてるか？」という，K氏が育休取得中に先輩同僚からかけられた言葉である。
　どうしてるか気にかけて連絡してバッと出た言葉のように思うが，K氏にとってはまったく意外な物言いとなった。「休んでるわけじゃない」と。仕事から離れているという意味では確かに休んでいるが，子育てでいろいろ大変な中，ゆっくり休めるような余裕はない。
　この講演・質疑応答後に受講学生から寄せられた感想のうち，「ゆっくり休めてるか？」に言及したものから2〜3紹介する（下線は筆者による）。

　　確かに言われてみれば会社を休むというよりは家で仕事をしているわけだから，「休めていいよな」とも取れる言葉づかいはよくない。

　　おそらく肯定的な意味で投げかけたであろう言葉が，育休を取得した本人からすると少しモヤっとする気持ちになるというところに，まだ男性の育休取得に対する<u>十分な理解が追いついていない</u>のかなと感じた。

　　「ゆっくり休めているか」と声をかけられた。でも実際は家で育児をしていて休んでいるわけではない。そもそも育児休業について周囲の人が詳しく<u>知らないため</u>，こ

ういった発言をしてしまい，本人はその発言に違和感を感じてしまったということ。

　「休んで何すんの？」も衝撃的だが，嫌味ややっかみかどうかはともかく，それらが何気なく出た言葉だとすれば，何気ないだけ，「十分な理解が追いついて」「モヤっと」しなくなるまでの道のりの遠さも感じる。

　もっとも，「追いついていない」という表現には今後追いつく可能性があるという前向きな想定もあるように思われる。「育児休業について周囲の人が詳しく知らない」だけで，いつか理解が追いつくだろう，あるいは世代交代していけば，その分徐々にでも変化していくだろう，という漠然とした期待が背後にあるように思う。

　しかし，本当にそうなるだろうか。男性の育休取得は，10年後20年後には普通のことになるのか？なるとしたら，何か大きなきっかけがあって変化するのか。それとも，「わからない人」が退職し，世代が代わっていけば「自然に」変化するものなのか。

▶§3　問い　　10年後20年後，男性の育休取得は普通のことになっているか？

　2010年，男性の育休取得を促進するべく，「パパ・ママ育休プラス」制度を盛り込んだ改正育児・介護休業法が施行された。当時の育休取得は，日本女性が83.7%に対し，男性は1.38%（2010年の数値）。時系列で男女2本の折れ線グラフを描いても，男性の折線が横軸と重なって，どう工夫しても1本の折れ線グラフにしか見えない，そんな時代だった。

　この2010年の改正法によって，1年だった育休期間が，父親も育休取得した場合に1年2か月まで取得できるようになった。この改正に合わせ，厚労省雇用環境・均等局は，「子育てを楽しみ自分自身も成長する男性，または将来そのような人生を送ろうとしている男性」を「イクメン」と名づけ，積極的な普及啓蒙活動に乗り出した。

　プロジェクトでは，男性の育児休業取得率を，2020年に13%に上げることを具体的な目標にしている。いま手に入る最新の取得率は7.48%（2019年調査の数値）であり，1年後の2020年に目標値には届くのは困難だとしても，2010年からの9年間で取得率が5倍以上（5.4=7.48/1.38）に急増していることも確かである。もちろん，男性育休取得率が80%から90%というノルウェーやスウェーデンと

比べれば，その1/10というのが統計上の現実である。

　さて，日本の男性育休取得率は今後どう変化するのか。さまざまな法改正によって「男性が育児休業を取得しやすい環境」が整い，10年後，20年後には，男性の育休は普通のことになっているのだろうか。これは，法によって社会変動を導くことができるのか，というものすごく大きな法社会学的テーマにも関わる問題の一つでもある。

▶§4＿ 一つの解釈

　人びとの語り分析から法社会学学習の入り口を示す本書で，この問題を正面から扱うことはできないが，一つの検討事例として，ノルウェーで始まった「Papa Quota（パパ・クオータ）制度」の例を紹介した上で，いくつかの観点を提示する。

【1】　パパ・クオータ制度

　パパ・クオータは，育休の一定期間を父親にだけ割り当てるもので，1993年にノルウェーが導入し北欧などに広がった制度である。当時のノルウェーでは，育休は最長で54週間取得できたが，そのうち6週間（2014年7月から10週）は父親のみが取得できる。つまり，父親が取らなければその分の権利はなくなってしまう仕組みになっていた。他方，育休中の給付については，最長の54週間取得した場合は出産前の給料の80％，44週間までなら100％が支給されるようになっていた。

　さて，このいわば「取らなきゃ損だよ」的な制度改革によってどう変わったか。男性の育休取得率は，導入前の4％から，導入後の97年は70％台に急増し，その後90％で推移しているとのことである。

【2】　日本の育休取得

　これに対し，日本ではすでに述べたように，「パパ・ママプラス」という，父親が取ることで育休期間が2か月増える法改正がされている。いわば「取ったら得だよ」という，ノルウェーとは逆向きの特典といえる。これが2010年のことであるが，これによって育休取得率が上がったのかどうかはわからない。一定の効果があったとしても，水準としてはまだ10％までいっていない。

　政策としては，権利ではなくいっそ義務化してはどうかという考え方もある。2018年の調査によると，「育児休業の取得希望がありながら取得できなかった

男性社員は37.5％いるという（三菱UFGリサーチ＆コンサルティング「平成30年度仕事と育児の両立に関する実態把握のための調査」）。つまり，潜在的な取得希望者が4割いると。じゃあ，残りの6割はどうなのか。そもそも「取るという発想」がないのか。どうしようか考え中なのか，悩んで計算してやっぱり無理だと諦めたのか。

　質問紙調査もたくさん経験してきたが，どうしても構造化の方法では，聞いたことへの反応しかわからず，もどかしい。聞くときは，当然一定の想定assumptionあるいは仮説に縛られている。なぜ育休を取らないのかのquestionnaireを考えているうちに，取るか取らないかしか見えなくなってくる。

　いっぺん視点を変えてみたらどうなるか。そもそも，男性と女性で育休取得率に大きな開きがあるのは，なぜなのか。性別役割意識から説明できる部分もあるかも知れない。男は外で働き……という例のやつである。その他には，男性と女性の収入の差から説明する仮説もある。K氏も語っていたように，育休取得期間の収入の問題は重要な問題である。かりにどちらか一方が取るとなった場合，育児休業給付金の支給率が男女同じ（67％または50％）なら，収入の多い方が仕事を続け少ない方が育休取得する方が世帯合計収入の減少額は少ない。ご承知のように，現実の男女の平均収入には，依然大きな開きがある。たとえば，2020年6月の一般労働者の賃金は，男性が338.8千円に対し女性は251.8千円で，男性を100としたとき女性は74.3に留まっている（厚生労働省「令和2年賃金構造基本統計調査の概況」）。

　こうした点から見ると，男性の育休取得率の問題は男女の賃金格差とセットで考えなければいけないことになる。ノルウェーなど育休取得率が高い国は，男女間の賃金差が少ない国でもある。

　賃金の違いは，当然正規，非正規，派遣・契約・アルバイト等の雇用形態と連動してくる。正規従業員の女性が退職して再就職するとき，正規従業員として雇用される確率はどれくらいあるだろうか。第8章で紹介したY氏のように，出向や退社に追い込まれないよう，育休を取らず，母乳を止める薬を服むなどいろんな犠牲を払わなければ，職場での自分の場所を守れない位置に置かれているという現実がある。

　つまり，男性育休取得問題もこうした根本的な矛盾解決との関係で検討する必要があるだろう。家事負担を免れ（負ってきたのはこれまで主に女性），急な残業や休日出勤にいつでも応じられる者（これまでその多くは男性）を標準とする

従来の高すぎるバーを下げて，育児や看護や介護だけでなく，単身者も含めいろんな私的時間の確保（いわゆるワーク・ライフ・バランス）を前提にした新基準への転換が求められているのかも知れない。

　もちろん，経営をどう成立させるのか，景気や経済をどう回すのか等々，解決すべき課題は多岐にわたるが，たとえば本章の男性育休取得問題のように，最初の問題の間口を一旦小さく絞った上で，それがどんな矛盾と関係し，法にどんな役割が期待されるのかを，細い道を通って一つひとつ検討していく作業にも大きな意味があるのではないか。

▶§5　法社会学的考察の糸口

　(1)　待機児童をはじめ保育施設が置かれている現状については，前田正子『保育園問題——待機児童，保育士不足，建設反対運動』（中公新書，2017）が，保育士の待遇，地域社会との関わりなど複数の問題が多重に絡んでいることを指摘している。

　(2)　男性の育休取得については，小室淑恵・天野妙『男性の育休——家族・企業・経済はこう変わる』（PHP新書，2020）は，企業に対する義務化（対象男性従業員に育休取得を打診することを義務づける）という問題提起している。義務化の提案の前提にある現状について，制度についての誤解や職場の雰囲気という壁から説明している。

　(3)　海外の制度との比較も含めた，日本での男性育休取得のあり方については，中里英樹「ノルウェーとスウェーデンにおける「パパ・クオータ」の意義：日本との比較を踏まえて（特集 イクメンプロから10年 イクメンの効果と意義）」連合総研レポート32巻3号（2019.3）13-16頁。中里英樹「働き方改革の試金石としての男性の「長期」育児休業」月刊企業年金（2019.3）22-23頁がある。

　総合的な政策研究の資料としては，男女共同参画社会白書のほかに，労働政策研究・研修機構「育児・介護と職業キャリア——女性活躍と男性の家庭生活——」労働政策研究報告書 No. 192（2017年）等があり，これらはネットで閲覧することができる。

犯罪被害者遺族の語り

加害者との関わりという課題

第Ⅳ部では，刑事裁判に関する問題を検討する。

　第12章では少年によるリンチ殺人事件の「長良川殺人事件」を，第13章では保険金目当ての「半田保険金殺人事件」を取り上げる。

　この二つの殺人事件の検討を通して，刑事司法制度のなかで被害者遺族がどのような位置に置かれているのか，逆に遺族が抱えている問題のなかで刑事司法制度がいったいどういう意味をもっているのかについて考えてみたい。

　いずれも死刑判決が下された事件であるが，死刑を求めるかどうかだけで見られがちな被害者・遺族が，実際にどんな苦悩と葛藤を生きているのか。まずは，当事者の語りの一言ひとことを聞くことから始めよう。

第12章__ 死刑を求める声, 迷う身体

▶ §1__ 出来事の概要　「長良川事件」

　日常的な報道だけでは, 悲惨な事件が「現実に」起こってもそれがどれほど
の重さや痛みを伴うものかを感じ取ることはできないが, 被害者や遺族, とき
には加害者の声を聞くことで, それを少し推測することができるようになる。

　たとえば, 大切な人がある日突然殺害される。遺体は, 本人かどうかわから
ないほど姿を変えている。やがて, 加害者とされる者が特定され, 刑事裁判が
始まる。仕事を休み毎回の公判を傍聴する中で, 大切な人が何の理由もなく体
じゅうをめった打ちにされ息絶えたことを知る。

　家族や大切な人がそのような目にあったとき, 私たちのからだに何が起こる
だろうか。どう行動しようとするだろうか。そして, 加害者に, 裁判に, 何を
求めるだろうか。

　本章で取り上げる「長良川事件」は, 1994年9月28日～10月8日の11日間に
4人が残忍な方法で殺害された大阪・愛知・岐阜連続リンチ殺人事件の一部で
ある。

　被害者の一人, 江崎正史(まさふみ)さん(当時19歳)は, 友達2人と稲沢市のボー
リング場に遊びに来ていた。そこに, 大阪と愛知で殺人事件を起こしたばかり
の少年グループがやってきて, 江崎さんらに目をつけ, 恐喝, 暴行, そして殺
害へと到る。江崎さんは, 言いがかりをつけられ, 車で河川敷に運ばれ, 鉄パ
イプで体じゅうをめった打ちにされて亡くなった。

　大阪・愛知・岐阜の3つの殺人事件で4人を殺害した少年らの裁判は, 最初
大阪地裁と名古屋地裁で別々に審理が始まったが, 途中から(1998年8月)名
古屋地裁で一括審理することになった。2000年12月, 検察側は3人全員に死刑
を求刑。翌2001年7月, 名古屋地裁は, 被告人Kには死刑を, その他2被告人
には無期懲役の判決を言い渡した。犯行当時少年であったこの事件でKに死刑
判決が下された点に関連し, 裁判所は「4人殺害すべての実行行為者で, 反社

会性は顕著。中心的な立場で，重要で不可欠な地位にあり，集団の推進力として事件を主導した。当時少年で反省の兆しが現れるようになったことなど情状を最大限考慮しても極刑はやむを得ない」と判決理由で述べている。

　事件から11年後，2005年10月14日，名古屋高裁は，原判決を破棄し被告人3人をいずれも死刑に処するとの判決を下した。江崎さん夫妻は，記者会見で「これでやっと息子に報告できる。」（NHK 2011）と判決を評価した。

　3人の被告人全員が，最高裁判所に上告。その判決を待つなかで，夫恭平さんの考えに動揺が生まれる。

▶ §2__ 注目voice　「引き出しが二つあるわけよ」

　控訴審判決が出て以降，被告人Kから江崎さん夫妻のもとに3ヶ月に1通の頻度で手紙が届くようになった。それ以前から手紙は来ていたが，控訴審判決後の手紙は命の重みを深く考える文面に変わった，と恭平さんは言う。

　　（Kからの手紙の一部）
　　「もし正史さんが生きていればと悲しく辛い思いを……たくさんのお涙も流されたことでしょう。正史さんのご遺族の方々にも多大なご迷惑をおかけし，どれだけの沈痛な思いをさせてしまっているか。そんなことなどを考えると，自分も責めずにいられず，意気消沈してしまいます。」（NHK 2011。以下，江崎夫妻の語りの引用もすべて同様）

　命のかけがえのなさから死刑に疑問を感じ始めた恭平さんと，一貫して死刑を求める妻テルミさんとの間にも隔たりが生まれる。

　恭平　「そりゃあ，正史がなくなったっていうことには，他人には言えんくらいの苦しみは，それはある。だから，いつもおれが言う。裁判と向かい合うときは，おれは命の大切さというのは別の引き出しに入れて，事件の凄惨さということのみに，おれは向いてものはしゃべってきたつもりや。今からもそれは変わらんのや，おれの思いはな。だから，引き出しが二つあるわけよ。」
　テルミ「なんで，引き出しが二つあるの？」
　恭平　「あのね，これは被害者という立場でいう命と，広く世間でいう命ということは，これは角度を少し変えて見にゃいかんと思う，おれは。」
　　　　「じゃあ，立場を逆にしたときに，ほんなら誰を殺してもええのかということ

になってくる。殺された家族はどうなるんや。たまたまわれわれが殺された家族になってるだけであってな。」

テルミ 「被害者としては，被害者の気持ちだけの，ほんなもの死刑しか考えんわさ。」

恭平 「だからお前は，そっちの方向だけしか向いてないわけよな。だからそれはそれで別に間違いじゃないわけよ。」

▶§3__ 問い "二つの引き出し"とは何か？

　本章で考察しようとするのは，ここで父親が述べている「二つの引き出し」が何なのかである。裁判と向かい合うときは事件の凄惨さだけを見るが，それとは別に「命の大切さ」というもう一つの引き出しがあるという。このときの命は，殺された息子の命であると同時に，これから死刑によって奪われようとする加害者の命でもある。

　母親は，殺された被害者側の立場だけで考えればよいことで，なぜそこに世間一般の視点が入ってくるのか，そんなものは関係ないと主張し，夫婦で意見が分かれる。

　いったい，何と何が対立して意見が分かれているのか。凄惨な犯行への報いvs. 命の大切さ，なのか。被害者の観点vs. 世間一般の観点か。被害者vs. 加害者か。あるいは，そもそも二つの引き出しは対称的なものではなく何かもっと複雑なものなのか。

　とにかく，被害者遺族という立場から死刑を求める論理とは別の観点があることが示唆されていることは間違いない。いったいそれは何なのか。

▶§4__ 語りを聞く

【1】 謝罪の手紙「生きて償いたい」

　二つの引き出しの中身とは何か。Kから夫妻に届けられた手紙を手がかりに，もう一度時間を戻して検討してみよう。

　当初，法廷で遺族を睨むような態度や笑みを見せていたとされる少年たち。その後，時折届くようになる「謝罪」の手紙。

　しかし，「生きて償いたい」と綴られた次の手紙には，夫妻は強い違和感をもった。

（控訴審でのKの証言）

「私の犯した罪は絶対に許されないですが，精一杯，被害者の分まで大切に生き，できる限りの償いを生きてしたいと切に願っております。」「支援者の女性の方が面会に来てくれて，『生きて償うことはつらいことだが，あえてそれをやるべきだ』といわれたからです。」

（後日のインタビューで）

恭平 「この犯罪事実があるのに，なんでそうも逃げようとするんや。もう少し，なんで事件と真正面から向かい合わんのや。何をおまえたち勝手なことを言っとんだ。ということの中から，だんだん，だんだん，死刑という思いが強くなって来たんですよ。」

日に日に強まる死刑を求める心持ちを，恭平さんは控訴審での意見陳述（2005年3月15日）で次のようにぶつけた。

恭平 「以前に，正史の現場写真を，一度だけ見せてもらったことがある。服が乱れ，顔を横に曲げたままうつ伏せ状態になり，息絶え，倒れている写真である。」
「よーく，思い浮かべろ。そしてその時の状況の顛末を，私の顔を見ながら，私の目を見ながら，直接説明してもらいたい。貴様らにそれができるだろうか。それだけの勇気があるだろうか。」
「あの子は，もう二度と私の前に現れることはない。そして私は，貴様らが出てくることを望んではいない。」

【2】　徐々に現実化する「死」

しかし，父恭平さんはその後，Kから送られてくる手紙の文面の変化に少しずつ揺さぶられていく。被告人全員が上告し，その最高裁判決が近いと言われ始めた頃，Kから次のような手紙が届く。

（Kからの手紙の一部）

「（事件後に病気で亡くなったK自身の）父親には，自分のせいで寿命が縮んだのではという思いがありますので，どれだけ自分は罪深いかを痛感いたしました。」「改めて，大切な人を失うということがどういうことか教えられました。」

恭平 「これぐらい，人の命というものに，深く感じているわけですよ。そういう風に感じられるようになった，ということかも知れんですね。」

もっとも，死刑を求める気持ちが薄れたわけではない。Kに対する見方の変化と，純粋に死刑を求める気持ちとが矛盾しながら同居している。それをどう解決するのか。どうやって折り合いをつけるのか。

　　恭平　「死刑という言葉の中に，謝罪も，贖罪も，すべて含まれている。だから，それ以外のものは何もいらない。」
　　　　　「だから，裁判の中で向かい合うときは，これはもう別の引き出し，このことを頭に入れてはいけません。あくまでも事件に向かい合うということで，これは引き出しに強く鍵をかけて，このことは一切頭の中に思い出さないようにして，裁判には臨まんと，裁判の中で自分が負けてしまいます。」
　　聞き手「負けてしまう？」
　　恭平　「あの子の思いを通すことはできません。」

　死刑を命という次元に置いて考えるという新しい課題の前で，一瞬生まれそうになるKとのつながり。しかし，これまで求めてきた死刑はどうなる。父親は，強く鍵をかけ，ないものにしようと懸命に自分に言い聞かせているように見える。自分の内部で起こる葛藤や分裂に蓋をし，他方で妻テルミさんとの考え方の相違も，決着させるのではなく一つの考えとして尊重しながら，裁判を「息子の思い」を遂げる場と同定し，なんとかそこにたどり着こうとしているように見える。
　しかし，次の手紙の文面は，さらに恭平さんの決心を撹乱する。

　　（Kからの手紙の朗読）「裁判が終わればもうお会いすることができないと思いますので，お会いできないままで本当に良いのか，と思うのです。私が死ぬ前にお会いさせていただき，お詫びを言っておきたい，と切に願っております。」

　　恭平　「以前の手紙の中にはね，生きて償いたいという文章が非常に多かったんだけど，この手紙を見るときに，『死ぬ前にお会いさせていただき』という言葉が書かれているということは，ある意味では，自分が死刑になる可能性が大きい，ということを自覚してきてるんじゃないかなと思うんですよ。」
　　　　　「この，死ぬ前にという言葉には，正直私も一瞬，うん？と思った。だけど，これが何を指しとんのかなと思ったけども，本人が書いた『死ぬ前に』という言葉はどんだけの重みがあるか，どんだけのことを言ってるのか，とは考えました，やっぱり。」
　　　　　「やっぱり，死ぬという言葉とかいうのは，正直死刑を求めてるとはいえ，あんまりいい言葉じゃないですよ。非常に複雑な心境ではありますよ。」

「死」という文字が多く出てくるこの手紙を読んだ江崎さんは，それ以前の手紙にはない，死の現実性への恐れのようなものを感じたのかも知れない。〈命〉の尊さではなく，そこから一気に具体化されて差し出されたK自身の〈死〉。「私が死ぬ前にお会いさせていただき，お詫びを言っておきたい」という声は，ある意味で一番聞きたくなかった言葉だったのではないか。

　観念的には，命の尊厳の根っこに死は当然に前提とされており，命と死は一体だったはずだが，それが不意に死の側から提示され，「非常に複雑な心境」になったのも自然なことであったように思われる。

　その後，Kの弁護人から電話があり，手紙の意向を汲んでもらえないかとの打診とともに，一度会ってゆっくり話をしたいとの申し出があった。会ってどうするのか，何のために会うのか，具体的なことを何も伝えない電話を受けて，また裁判に利用されるのではないかとの恐れも抱き，恭平さんは申し出を断る。

　じつは，同じ事件の別の遺族が弁護人の仲介でKと面会し，死刑の減刑を訴える嘆願書を書いていた。死を意識したKからの手紙に心を揺さぶられた江崎さんだったが，「なかなか本人が言っている手紙そのものを，素直に受け入れることはできんのよ。」として，結局Kはもちろん，弁護人とも会うことなく，最高裁の判決を待つことになった。

　2011年3月10日，最高裁は，「4人もの命を次々と奪った結果は重大で，少年だったことを考慮しても死刑はやむを得ない」として，上告を棄却。3人全員の死刑が確定した。

▶ §5＿＿　一つの解釈

【1】　「被害者という立場」と「世間でいう命」

　ここまで見た経緯をもとに，本章の問いの「二つの引き出し」とは何かについて考えてみよう。

　まず，一つの素直な解釈として，恭平さん自身が妻に語った対比，つまり「被害者という立場でいう命と，広く世間でいう命」という二項対立が考えられる。被害者は被害者の立場だけを考えればよく，酷い殺され方をした正史の無念を考えたら死刑しかないと言うテルミさんに対し，角度を少し変えて「広く世間でいう命」からも考えないわけにはいかないと言う。そして，「じゃあ，立場を逆にしたときに，ほんなら誰を殺してもええのか。殺された家族はどうなる

んや。たまたまわれわれが殺された家族になってるだけであってな。」と問い返す。

　夫婦のやりとりには，現に傷ついている特定の当事者の〈個別的な〉立ち位置と，そこから少し離れた〈一般化された〉視点とが対比されているようにも見える。

　この対比は，道徳性の発達に関するコールバーグ＝ギリガン論争の対立次元を思い出させる（西田2019: 第1章）。いわゆる「ハインツのジレンマ」（瀕死の妻を救うために，自分のお金では到底支払えない高価な薬を盗むべきかという仮説的質問）の課題に対し，男の子ジェイクは，薬屋の財産権と妻の生命の2つの価値を衡量し，生命の価値が優越するから盗むべきだと明確に答える（ギリガン: 41）。

　これに対し，女の子エイミーは，自信のないような答え方で，盗んではいけないと答える。それは，薬屋の財産権を侵害するからでも，法律違反をするからいけないというのでもなく，薬を盗んで監獄に行かなければならなくなったら，妻の病気が前よりも重くなるかもしれないから，というものであった。

　さらにエイミーは，ハインツはお金を借りるとか，もっと別の方法があるのではないかとも答えている。これは，盗むことの是非を尋ねる質問自体を無化するもの，つまり問いに答えていないこととも判断されるものである（ギリガン: 43-44）。

　ここでは，結論ではなくそこにいたる思考プロセスの違いが重要で，エイミーはハインツ夫妻が置かれている「個別具体的状況」に立って，善悪ではなく，どうしたらだれも傷つけない方法を見つけられるのか，それを模索しようとしている。これに対しジェイクは，「個別具体的状況から離れ」，各ポジションに誰を代入しても成り立つような普遍的な価値選択問題としてジレンマ課題を捉え，いわば数学の問題を解くような方法で判断しようとしている。

　この対比に照らしていうと，恭平さんは「個別具体的な状況」の位置と同時に，もう一つ「個別具体的状況から離れた」場所にも立っているように見える。

　もっとも，後者の観点については，いくつかの違いもある。自分たちが置かれた過酷な状況を，今の場所とは違うところから見るという意味では，恭平さんは個別具体的状況から離れていることは間違いない。しかし，ジェイクのように抽出された複数の価値の選択問題として捉えているようには見えない。息子を殺された親として，まさに当事者としてそれを一生背負っていかなければならない立場から，一瞬も離れることはできない。

とすると問題は，当事者の足場に留まりつつ，しかし同時に抱いた別の視点とは，抽象的な価値選択に昇華される以前の，具体的な誰かの苦痛への同感（Empathy），あるいはケア的な観点のようなものではないだろうか。

　つまり，恭平さんがいう命の尊さは，ジェイクが考慮するような価値にまで抽象化されずに，息子を殺された当事者としての目の高さのまま，想像上「立場を逆に」したらどうなるのかという問いにつなぎ止められている。憎むべき加害者とその家族と映っているものが，死刑執行されればKらもまたもう一つの「殺された家族」になる。まさに，コールバーグがいう「道徳的椅子取りゲーム（moral musical chairs）」，つまり立場を変えたときにも是認できる判断方法に進みかけているように見える（コールバーグ，1992）。

　もちろん，恭平さんの迷いの元となっているという意味で決定的に重要なことは，役割交換するとき，もう一つの「殺された家族」をつくることに自分が原因者として否応無く関与してしまうという点である。スロットやルーレットがランダムに回転し，特定の位置に誰かが置かれるのではなく，誰も望まない場所にKの家族を置く仕事に自分が加担するかどうかという抜き差しならない立場にいることの自覚なのではないか。

【2】　「命を奪われた当事者」と「奪う当事者」

　つまり，息子の死を一生背負って生きていく苦痛を抱えながら，今度は誰かの死に積極的に関与するかどうかという困難な課題を背負わされた恭平さんが見ていたのは，もはや死ではなく殺害だったように思われる。

　もちろん，量刑は裁判所が行う。しかし，たとえそれが間接的で意味的なものだとしても，死刑を望むということは，加害者の命を奪う行為に関与（あるいは加担）することであり，その苦痛を引き受けることになる。そして最も耐え難い部分は，憎むべき加害者と同じ行為を自分がすることになる内部矛盾だったのではないか。

　われわれはふだん誰かを非難するとき，自分自身は正しい側にいると信じている。あるいは，非難することで自分の正しさを再確認している。しかし，その糾弾すべき行為を，糾弾される方法で自分が行うという矛盾をどう受け入れれば良いのか。

　もちろん，犯罪としての殺害と刑罰としての死刑は別物だという見方はあるが，このときの恭平さんが「両者は同じもの」と認識したとすれば，被害者遺族としての苦痛の上に，さらに加害者になる苦悩をも背負うことになると考え

たのかもしれない。「死ぬ前にお会いさせていただき，お詫びを言っておきたい」と書かれたKからの手紙に何度も現れる〈死〉の文字は，恭平さんには〈殺〉に見えた可能性はある。マサフミの死に，死をもって応じると見えた文面は，人を殺したKの役を今度は自分が行う，と，だまし絵のように変化していったのではないか。としたら，死刑を求めることは自分自身を断罪し殺すことになり，誰かを憎む自分自身がいなくなってしまう。

　当事者としての観点と一般化された視点という二つの引き出しではなく，殺される当事者と殺す当事者という，どちらも当事者としての一人の人間の中に起こった抜き差しならない矛盾なのではないかというのがここでの一つの解釈である。

【3】　「子を失った私」と「子の代理人の私」

　もちろん，なお疑問はある。かりにこの二つの引き出しで苦悩したとしても，結局最終的に死刑を求めることに向かったのはなぜなのか。加害者からの謝罪や覚悟の手紙を受け，二つの引き出し問題で引き裂かれるとき，それを緩和しブレーキとなったのは，「息子の思いを通すこと」というドライブだった。父親は，そうしないと「裁判の中で自分が負けてしまいます。」と語っている。

　加害者との何らかの接触・交流から，許しや癒しの糸口を見出すことになるかもしれない。なるかどうか，確かめてみたいとの思いもあった。しかし，ここで待ったをかけるのが，息子の声ということなのだろう。

　何らかの許しや癒しという出口を見出すことができるのは遺族であって，亡くなった息子ではない。癒しを求めることは生きているものの自己満足であり，何もできなくなっている死者への裏切りになりはしないか。

　もしそう考えたのであれば，残された者がなすべきことは，生きることを止められた死者の思い，すなわち「無念」を晴らすことだとして最後はそこに直進していったのかも知れない。その意味で，「遺族」である私と「死者の代理人」である私というのが，もう一組の隠れた二つの引き出しだったのかも知れない。

　まだまだいろんな解釈があるだろう。正解はわからないし，ないのかも知れないが，あれこれ推量し，そこにどんな問題次元が関わっているのかを考えてみることは重要である。

▶§6__ 法社会学的考察の糸口　"被害者・加害者"関係

　ここまで，犯罪被害者遺族の葛藤について見てきたが，江崎さん夫妻の葛藤は，それぞれの「心の中」の個人的な問題と理解してはならない。心の中で起こったことかもしれないが，それぞれの心の中〈だけ〉で起こったことではない。夫婦の間でも影響を与え合っているし，Kや弁護人や他の遺族や，メディアの前で語った自分の声にさえ影響を受けながら動いていく。

　苦痛の中で出口や希望を見つけようとするとき，法・裁判が直接間接に影響を与えていることはいうまでもない。たとえば，死刑を求めるかどうかの葛藤も，特定の法的制度を前提にして起きている。他方，「被害者としては，被害者の気持ちだけの,ほんなもの死刑しか考えんわさ。」とテルミさんが言うとき，すでに，被害者と加害者という法的・社会的につくられたフレームに乗ってもいる。

　つまり，江崎さん夫妻の苦悩は，息子が殺されて自然に発生したものではなく，特定の法・社会制度のもとで生まれている。このことを前提に，苦痛と法との関わりに関連して，以下若干の検討課題を提示しておく。

【1】　主題化の磁力

　息子の死は，時制上は起こってしまった過去の出来事かもしれないが，江崎さん夫妻は，この出来事を生涯背負って生きていく。江崎さん夫妻の苦悩は，もちろん理不尽に息子を奪われたことであるが，その命を奪った加害者とどう関わるのか，どう意味づけるのかという難しい問題を生涯背負っていくことでもある。

　裁判の進行に伴い，息子の死をどう受け止めて生きていけば良いのかという生の意味づけ作業のなかで，"死刑を求めるかどうか" が中心的な主題となっていった。迷うことなく一貫して死刑を求める妻と，憎むべき加害者と同じ行為をすることへのためらいの中で苦悩する夫。

　しかし，恭平さんが苦しんだのは，二つの引き出しのどちらを優先させるかではなく，本当は〈死刑か否か〉という問いの立て方自体への根底的な疑念や違和感を捨てきれず，それ以外の意味づけの次元を探そうとしていたことのようにも思われる。言うまでもなく，違和感の元は，有罪か無罪か，量刑はといった関心次元で否応なく進行していく刑事裁判の制度と手続である。

恭平さんの迷いは，刑罰として何を望むかという制度からの有形無形の問いかけに対して，「それだけじゃないだろう。そんなことで済むような問題じゃない」という異議申立てとして理解すべきように思われる。いうまでもなく，この批判や問い返しは，本件に関わった裁判官，検察官，弁護士はもちろん，法学を学ぶわれわれにも向けられている。

【2】　圧倒的孤独と法制度

　さて，その後下された判決は，最終的に被害者遺族に何をもたらしたのか。最高裁で死刑判決が確定した後，妻テルミさんは，息子はもう夢にも出てくれなくなったとこぼしながら，次のように言う。

> テルミ「17年近くかかって，やっとあの子の無念さを晴らせた，その喜びはあります。だけど，その喜びとともに，重さがぐーんと取れたのかねえ，，，取れたんだと思いますよ。その，取れたにもかかわらず，なんか気持がスッキリしない。なんでしょうねえ，自分でもわかりませんけど。」

　一方，夫恭平さんは，なんと近くの木曽川の小さな渡し舟の船頭になっていた。

> 恭平　「まあ，償い，彼らの死刑の執行が行われたといったところで，正史が殺されたという現実がなくなるわけではないですからね。」
> 　　　「どういう償いであれ，どういう謝罪であれ，結果はやっぱり，一生，わたしらは二人で背負って生きてかにゃあいかんですからね。だから，その結果は，絶対に消えることはないんですよ。」

　17年間，加害者との関係に苦しみ，その出口を裁判に求めてきた。死刑という司法的結論を理不尽な出来事の意味づけの拠り所とし，苦悩しながらも求めた通りの死刑判決に到達した途端，司法的解決は当事者にほとんど何も残さない，むしろ自分たちだけで孤独に背負っていくものの方が圧倒的に多いことを思われたのではないだろうか。死刑かどうかが主題だったはずが，裁判という長いトンネルを出てそこに見えてきたのは，底の見えない巨大な虚無ということなのかもしれない。

　豊かな水量の木曽川で小さなボートの船頭として生きること。上流から下流へ不可逆的に過ぎていく時間に直交し，此岸（こっちの世界）と彼岸（あっちの世界）との往復を毎日繰り返す営みの中で，恭平さんは何を見つけようとしておられ

るのか。

　この絶対的な孤独の淵を，じつは反対側から見ていた別の殺人事件の被害者遺族がいる。次章では，その人（原田正治氏）がたどった長い道のりを紹介し，司法制度や社会が被害者遺族の孤独とどう関わっているのか，どうすれ違っているのかについて考えてみよう。紹介した事例からの法社会学的考察や学習の糸口は，次章で2つの事例を検討した後にまとめて行うことにする。

【引用文献】

本章における，江崎さん夫妻の語り，その他事実関係等に関しては，ハイビジョン特集「死刑〜被害者遺族・葛藤の日々」（NHK 2011年5月14日放送）から引用，参照させてもらっている。

青木理（2012）　『絞首刑』講談社文庫

ギリガン，キャロル〔岩男寿美子監訳〕（1986）　『もうひとつの声——男女の道徳観のちがいと女性のアイデンティティ』川島書店

西田英一（2019）　『声の法社会学』北大路書房

コールバーグ，ローレンス他〔片瀬一男・高橋征仁訳〕（1992）『道徳性の発達段階：コールバーグ理論をめぐる論争への回答』新曜社

第13章__ 圧倒的孤独から対面の癒しへ

▶§1__ 出来事の概要　「半田保険金殺人事件」

　1983年，原田正治氏は，長距離トラックの運転手だった弟の明男さんを木津川沿い国道脇のトラック横転事故で亡くした（当時30歳）。通夜には，明男さんの勤務先の社長，長谷川敏彦元死刑囚（以下，長谷川）も参列していた。交通事故として処理されていた明男さんの死は，実は事故に見せかけた殺害によるものだったことが翌年になって判明。長谷川は明男さんに2千万円の保険金をかけ，鉄パイプで殴って殺害した。長谷川と共犯者らは，他にも二人を殺害していた（別の保険金目当ての殺害と，借金の取り立てに来た男性の殺害）。

> 原田氏「(事故ではなく殺害だったことを知った) その途端に，やっぱりあいつに対してのね，憎しみなんてのは，もー，半端なものじゃないものが出てきたんですよ，自分自身の中で。この野郎，もう，とにかく殺してやる，なんていうそんなね，思いがあった。徹底的にあいつを，とにかく死刑のところまで追い込みたいと。」(NHK 2011)

　原田氏は会社を休んで法廷に通い，証言台にも立って，強く長谷川の死刑を求めた。傍聴席から長谷川の姿を目にするときなど，飛びかかって自分の手で，という衝動に何度も襲われたと手記の中で告白している。

　1985年，名古屋地裁は長谷川ら2人に死刑判決を言い渡した。2人とも控訴したが，1987年，名古屋高裁は控訴を棄却。共犯者は上告せず死刑が確定したが，長谷川は最高裁に上告した。

　その頃，名古屋拘置所の長谷川から来た手紙を原田氏は何気なく開けてみた。実はそれまでも100通以上の手紙が来ていたが，封も開けずゴミ箱に捨てていた。

> 原田氏「正直いうとね，二審で判決が出たでしょ，死刑という判決が。だから，これで彼は死刑になるんだという意識がすごく強くあった。だから，こいつはね，何言っても死ぬしかないんだ，それで終わったんだという思いがあった。」

「そこへもってきての，彼からの手紙があったんで，たまたまその手紙を読ん
　　でみた。」（NHK 2011）

　そこには，「あの日以来，小さな祈りですけれど，明男さんの冥福を祈りつ
つ懺悔の日々を送っています。」「償う日が決まれば素直に従う気持ちでいます
ので，どうぞ，今私が生かされていることをお許しください。」と書かれてい
た（原田: 124）。

　原田氏は返事を書き，手紙のやりとりが増えていき，そして「面会してみよ
う」と思うようになる。最高裁で死刑が確定すると文通や面会は親族しか認め
られなくなると聞いたこともきっかけとなり，原田氏は面会を決断した。事件
から10年後の1993年のことだった。

　怒りを直接ぶつけようと拘置所に向かった原田氏だったが，予想とはまった
く違う展開となった。

　　「（長谷川が）満面の笑顔で入って来る。で，大きな声で謝罪，というか謝って来る
　　んです。顔いっぱいで表して来るんです，うれしさを。だから，これは法廷で見る顔
　　と全く違うじゃないですか。」（NHK 2011）

　長谷川からの「これで私は，いつでも喜んで死ねます。」の言葉に圧倒され，
原田氏は「言いたいこともろくに言えず」，初めての面会は15分ほどで終了し
た（原田: 149）。

　長谷川は，すでに死を受け入れる覚悟ができている。しかも，その表情は，
決心した落ち着きを超え，死をもって償うことができる喜びに満ちていた。「喜
んで死ねる」の言葉に，原田氏は「そんなこと言うなよ」とつぶやくしかなかっ
たという。怒りをぶつけるべき相手は，すでに高い境地に達していたのか。

　この面会（1993年8月9日）の1か月半後の9月21日，最高裁は上告を棄却し，
死刑判決が確定した。その後も原田氏は長谷川と3度面会したが，それ以上の
面会は拘置所が許可しなかった。2001年，原田氏は死刑の執行停止を求める「上
申書」を法務大臣に提出したが，その年の暮れ12月27日，長谷川の死刑が執行
された。

　「生きて罪を償うことを切にお望みくださった正治様には，ご期待にこたえ
ることができなくて申し訳ありません。」と死の直前に書かれた遺書が，後日
原田氏の元に届いた。

▶§2 　注目voice 　「加害者が死んだところで，癒しになるのか」

　強い報復衝動を抱き死刑を求め続けた原田氏だったが，加害者と面会し謝罪を受けて以降，長谷川との交流に心の安らぎを感じるようになっていった。原田氏は，後年ある講演会で次のように述べている。

> 原田氏　「死刑を求めているんじゃないんです。死刑を求めて，彼らが死んだところで，本当に癒しになるのかということなんです。」
> 　　　　「じゃあ，何を被害者は求めているのか。被害者が求めているのは死刑じゃなくて，罰じゃなくて，償いだということなんです。」（NHK 2011）

　ここに示されているのは，死刑という罰を与えても被害者遺族が癒されることはない，生きて償ってもらうことが本当の癒しになる，という"死から生"への転換である。

　もちろん，単純な図式化に収らない複雑な思いがあったであろう。「もともとは犯人の長谷川君に報復したい気持ちが痛切にあって，極刑を求め」（朝日新聞2015年7月9日）ていたが，やり場のない怒りや憎しみをどうすることもできず，職場・友人・家族との関係にも苦しみ，キャバレー通い・サラ金の借金等々，生活は荒れていった。

　そんな苦悶のなか，求めた通りの死刑判決が手に入ろうとする段になって，「彼らが死んだところで，本当に癒しになるのか。」「求めているのは死刑や罰じゃなく，償いだ」という大きなベクトル転換が起きる。この逆向きの矢印は，さらに死刑執行の「停止」へと向かっていく。

▶§3 　問い 　なぜ，「死刑」ではなく「面会」を求めるようになったのか？

　疑問の出発点は，弟を殺した長谷川の〈死刑〉をずっと望んでいた原田氏が，なぜ〈面会〉を求めるようになったのかである。

　これについては，すでに上記§2の発言のなかで，死刑では癒しにならないと原田氏自身が説明している。しかし，「徹底的にあいつを死刑まで追い込む」と怒りに燃えていたとき，おそらく"癒し"というキーワードは念頭になかったのではないかと思われる。

第13章——圧倒的孤独から対面の癒しへ｜**165**

つまり，癒しは最初から求めていたのではなく，面会という出来事から思い
もよらず生まれたものではなかったか。もしそうだとしたら，問いは，長谷川
との面会や文通から，どのようにして癒しや心の安らぎが生まれたのか，その
経緯や背景に何があるのかに変わる。

　一般的にいえば，謝罪や償いに対応する言葉は，赦しや和解といったもので
あろう。ところがこの事件では，謝罪や償いから，赦しではなく，癒しや安ら
ぎが生まれていることに注目しなければならない。いったいどういうことなの
か。

　実際この事件で，原田氏は長谷川を赦してはいない。それどころか，面会や
手紙のやりとりによって，「僕に赦してもらえた」と長谷川が気を良くしてい
るとしたらと思うと，「むらむらと腹の底から不快感が立ち上がってくるのが
わかりました」とも述べている（原田: 123）。

　面会と赦しを結びつける考え方を，原田氏は次のように批判する。

> 　「最初は殺してやりたいほど憎いと思っていたのに，何がきっかけで気が変わって
> 加害者に面会に行ったのですか。」と，聞かれます。そのような質問をする人は，加
> 害者に会いに行くことと，加害者を赦すということを混同していると思います。憎い
> ということは，「顔も見たくない」ことだと考える人には，僕のように，「憎いから会っ
> て怒りをぶつけたい」という発想が理解できないのです。」（原田:143）

　もちろん，「面会」→「謝罪」→「赦し」という展開もあり得ることだろう。
しかし原田氏の場合，こうした物語的にきれいな解決とは違う，どうしようも
なく湧いてくる激しい感情を直接ぶつけようとしたとき，図らずも何かが溶け
落ちていく生々しい時間として「面会」を位置づけなければならない。

　謝ったからといって生まれてくるとは限らない，この癒しの感覚がいったい
どこからやってくるのか。このことについて考える前に，面会にいたるまでの
経緯，とくに(1)事件後の原田氏と周囲との関わり，(2)原田氏自身が手記の中で
語っている〈崖の風景〉について見ておく必要がある。

▶§4＿　経緯と背景

【1】　周囲の無理解と孤立
　原田氏は，従業員10数人の会社に勤め，業務全体を回していく重要な位置で

働いていた。裁判の傍聴その他のため，有休を取って会社を休むことが多くなる。仕事に穴をあけないよう，その分夜遅くまで仕事をしたりしていたが，それでも会社の専務はじめ職場にはなかなか理解してもらえない。裁判にのめり込んでいく原田氏から，友だちも離れていき，妻や子どもとの間にも溝が生まれていく。やがて，夜の店に通い始め，サラ金に手を出し，ますます周囲と隙間ができてくる。そんなとき，こんなことになったのもすべて長谷川のせいだと憎む気持ちが強まる。

しかし他方で，いつまでも事件に執着している自分が間違っているのではないかとも思うようになる。周囲の誰もが，「済んでしまったことは早く忘れて，静かに元の生活に戻れ」と助言する。しかし，自分こそ「誰よりも忘れたい」と思っていることは誰もわかってくれない。まして，"忘れられない" = "忘れたい" = "忘れかけてしまう" という忘却の微妙な三角関係の中で苦しんでいることなど誰も知らない。

> あんなに忘れたいと思っていたくせに，忘れかかっている自分に気づくと「これはいけない」と思いました。家族や自分の未来のためには忘れたい，しかし，明男の死を思うと忘れてはいけない，矛盾した思いが入り混じっていました。(原田:114-5)

この "忘れよ，そして忘れるな" という矛盾要求は，"わかってほしい，わかるはずがない" など，何重もの矛盾と重なって原田氏を苦しめる。次の〈崖〉の風景は，身動きの取れなくなった当時の原田氏の世界を劇的に表している。

【2】 崖の上と崖の下：「おまえのいる崖の下に，こいつらも落としてやるからなー。それで気がすむだろう」

いつ頃のことか明示されていないが（高裁判決が出る少し前だろうか），原田氏は手記の中で次のように述べている。

> その頃，ぼくはこんなことをイメージしていました。明男と僕ら家族が長谷川君たちの手で崖から突き落とされたイメージです。僕らは全身傷だらけで，明男は死んでいます。崖の上から，司法関係者やマスコミや世間の人々が，僕らを高みの見物です。彼等は，崖の上の平らで広々としたところから，「痛いだろう。かわいそうに」そう言いながら，長谷川君たちとその家族を突き落とそうとしています。僕も最初は長谷川君たちを自分たちと同じ目に遭わせたいと思っていました。しかし，ふと気がつくと，僕が本当に望んでいることは違うことのようなのです。僕も僕たち家族も，大勢

の人が平穏に暮らしている崖の上の平らな土地にもう一度のぼりたい，そう思っていることに気がついたのです。ところが，崖の上にいる人たちは，誰一人として「おーい，ひきあげてやるぞー」とは言ってくれません。代わりに「おまえのいる崖の下に，こいつらも落としてやるからなー。それで気がすむだろう」被害者と加害者をともに崖の下に放り出して，崖の上では，何もなかったように，平和な時が流れているのです。自分で這い上がらなければ，僕らは崖の上にはもどれません。しかし傷は負ったままなのです。傷を隠して自力で這い上がることはなんと苦痛でしょう。怒りで地団駄を踏んでいると，さらに下の奈落の底に落ちていくかもしれないのです。必死で傷の痛みを感じないふりをしながら，なんとか上にのぼりたいと考えている…。そんな寓話を僕は作り上げていました。僕と長谷川君はどちらも，今，同じ崖の下に落とされている気がしました。（原田:115-116）」

▶§5＿ 一つの解釈

【1】 なぜ「死刑」から「面会」に変わったのか？

　前節§4で明らかなように，面会するまでの原田氏は，深い孤独の中に置かれていた。一つは，職場や家族といった周囲の身近な人たちからの孤立。もう一つは，司法関係者やマスコミの事件への関わり方から来る疎外感。とくに後者の検察やマスコミについては，強い不満と失望感を表明している。

　　「僕の味方のような装いなのにどこか僕を圧迫してきた検察やマスコミ」にとって，「僕はひとりの血の通った人間ではなく，被害者という記号を持った仕事の対象物」（原田:154）でしかなかった。
　　検察官も裁判官も「裁判上の手続きの必要を満たす範囲でしか被害者の気持ちを知ろうとはしません。マスコミの人も視聴者が喜ぶような被害者遺族の姿があればそれでいいのです。」（原田:144）

　裁判とその報道は，原田氏とは関係のないところでもっともらしく進行していく。裁判手続の中で証言する機会はあっても，被害者遺族の苦痛や迷いの声を正面から聞いてもらうことはほとんどない。
　問題は，あからさまに「ないがしろ」にしているのではなく，外観上は法的手続に乗せて粛々と正義を執行しながら，その実，家族を奪われた生身の人として扱われることもなく，すっかり疎外されて行った点である。
　長谷川の死から数年後のインタビューで，「今でも許せないが，面と向かっ

て怒りをぶつけるうちに気持ちが和らいできた。蚊帳の外にいる疎外感は少し解消した」と語っている（日本経済新聞2007/06/05）。

つまり，原田氏にとっての癒しは，謝罪から当然のように生まれたものというよりも，皮肉なことに，法的・社会的な疎外感の分だけ深いものになっていったように思われる。

平和な日常に戻りたいと被害者遺族が叫んでも，崖の上には届かない。社会から切り離され，自力で這い上がることができずもがいている被害者の横に落ちてきた加害者もまた，社会から隔絶され，孤独の中で死を待っている。

誰も私の声を聞こうとしない。結局，それもこれもすべてお前のせいだと文句を言ってやろうと面会した加害者が，じつは他の誰よりも弟のことを考えていると，そう信じることができた。

さらに重要なことは，なんでうちの弟が殺されなければならないのか，という重要な問いについて，結局裁判は何も答えてくれなかったことである。それどころか，自分はずっと蚊帳の外に置かれ，法廷で長谷川をにらみつけ憎み続けるしかなかった。

ところが，面会室で会った長谷川は，法廷で見た長谷川とは別人のようになっていた。なぜ殺されたのかの答えを長谷川が言葉で具体的に提示するわけではもちろんない。ないが，憎むことや問い詰めることではなく，直接対面し，一人の死（明男さんの死）をめぐって真剣に，深く，率直に見つめようとする場と時間を共有することから，疎外からの解放になっていったと考えられる。

もちろん，面会や文通による交流によって，原田氏が長谷川を赦したわけではない。まして，アクリル板越しに「共感」が生まれたとか外側から安易に決めつけることはできない。

　──許せたのですか。
　「許してはいません。死刑反対の集会に出たり，死刑執行停止を求める活動をしたりしましたが，長谷川君に，生きて自分の犯した罪と向き合い，生涯謝り続けてほしかったからです。それは死刑より重いこと。それに，なぜ弟だったのかと聞きたかった。しかし，彼の刑は執行されました。今も疑問は残されたままです。すべての遺族が死刑を望んでいるわけではないし，最初は感情的でも，私のように時の経過で変わることもあります。犯人が死刑になれば，一時的にすっとするかもしれないが，疑問は晴れず，憎しみも消えない。それはつらいことです。」（中日新聞2005年2月1日）

「憎むべき加害者／かわいそうな被害者」という構図は，崖の上の幸福な人びとにとって都合の良い物語である。加害者を被害者と同じマイナス数十メートルの位置に落として，それで終わったことにできる。刑事司法の名の下に加害者を崖に放り投げれば，事件は終わり被害者も満足するはずだとどこかで信じているとき，まさか崖の上の自分たちこそ妬まれ，敵視されているとは思いもしない。先の原田氏の寓話は，法制度の担い手，メディア，そして私たちの多くが暗黙に受け入れている構図への崖下からの強烈な批判である。

【2】〈憐れみ〉という見下し

　刑事司法制度についていえば，出来事を国家と加害者の関係として取り扱うことを基本とし，比較的最近になってこれまで「蚊帳の外」におかれてきた被害者に少し光を当て手続に「参加」させようとしている。しかし，次の原田氏の言葉は，それを良しとする者，否とする者両方のはらわたを真っ直ぐに突いてくる。

> 　「家族を殺された彼らは，平穏に暮らす自分より気の毒でかわいそうな人」と自分より一段下に見ていると感じます。その上，自分のことを偽善者よろしく，「言われなくても被害者遺族の気持ちを推し量ることができる自分は，人間らしい情のある者だ」と，心のどこかで考えている気がします。被害者のことなど真剣に考えてはいないのです。（原田：195-196）

　ここで批判されているのは，被害者遺族らしさ，もっといえば加害者・被害者構図の「押し付け」であり，憐れみという「見下し」である。

> 　被害者の感情にもいろいろある。裁判官や裁判員は『遺族が望むのは厳罰』と型にはめて裁くのだけはやめてほしい（西日本新聞2009年7月8日）

　もちろん，だからといって今度は原田氏のような考え方を被害者の新しい標準と見てしまうとしたら，それもまた当事者を取り込みつつ疎外することになってしまうのだろう。前章の江崎テルミさんのように一貫して厳罰を求める人や場合もあれば，癒しを求める場合もあり，後の第14章で触れるように一生かけて反省と償いをしてほしいから長く生きてほしいと加害者に呼びかける人もいる。もっといえば，江崎恭平さんのように，一人の人の中で複数の想いが交錯しながら揺れ動くことも当然ある。

　いずれにせよ，苦しみ方・乗り越え方はさまざまにあるところ，馴染みの鋳型で自己満足的に事件を処理していくとき，被害者と加害者がともに疎外され

てしまう危険に注意しなければならない。

【3】　身体的交流の起爆力

　以上,癒しや安らぎがどのような経緯で生まれるのかについて述べてきたが,一点だけ追加的に述べておかなければいけないことがある。

　それは,対面による交流の中で不意に現れる〈しるし〉のようなものの効果である。本事例でいえば,長谷川のヒゲはその兆候の一つである。何回目かの面会のとき,長谷川がヒゲを生やしているのを見止めた原田氏からヒゲを伸ばしたのかと聞かれ,長谷川は「明男さんが生前に髭を伸ばされていたんで,自分も真似をしようと思いまして。」と答える。

　真似ることの意味を,ここで詳しく考察する余裕はないが,誰かのことを強く思うとき,その人と同じ衣服を身につけ,同じタバコを吸い,同じ笑い方をするようになることがあるのは理解できる。もしかしたら,真似は究極の共感行為なのかもしれない。

　いずれにせよ,獄中で被害者のことを長く思ううち,いつしか同一化していったのだとすれば,ここには謝罪や後悔の言葉を超えた別次元での思いの深さがあったといえるだろう。

　ヒゲの話題に続けて,「それから,正治さんにお願いがあります。長男にはいつか,私の代わりにお墓参りに行ってほしいと思っているのです。」と依頼し,原田氏は「お子さんたちが来たいといえば,喜んで迎えるよ。」と快諾している（NHK2011）。

　明男のことをここまで思っているのは,自分と長谷川だけだと思えて,「喜んで迎える」の言葉が自然に出たように思われる。このとき,思いの中身が一致したのではなく,決して同じにはなりえない立場からではあるが,その深さにおいて近接するものを感知しえたのではないか。

> 言葉の端々,表情や空気,つまり彼の全人格から,彼が現在,生活の一つ一つを償いと反省の時間で過ごしていることを感じたように思います。甘いという人もいるでしょう。しかし,弟が決して帰ってこない今,誰のどんな慰めや司法的な処置よりも,彼と合うことが僕にある種の心の安らぎをもたらしているように思えてなりませんでした。(原田:175)

　ヒゲをめぐる視線や会話の身体的やりとりは,「どうしてうちの弟だったのか,なんであの場所を選んだのか」という原田氏の質問に直接答えるものでは

ない。しかし，このヒゲのやりとりに象徴される身体的交流は，経緯を説明的に語る何倍もの深さで，しかも一瞬にして何かを了解させそこに安らぎをもたらすことを加速したように思う。

　他の章同様，ここでも対面・対話による身体的な交流がもつ了解メカニズムの大きさを確認することができる。

【引用文献・資料】
ハイビジョン特集「死刑～被害者遺族・葛藤の日々」NHK 2011年5月14日放送
原田正治(2004)　『弟を殺した彼と，僕。』ポプラ社

▶§6＿ 法社会学的考察の糸口

【1】　刑事司法制度における「被害者・加害者」の位置
　前章と本章で紹介した事例は，刑事司法制度・刑事学・刑事政策等で扱われる重要テーマに直接つながる。たとえば，そもそも死刑制度自体の是非に関わる問題，さらに少年事件における刑罰とくに死刑をどう位置づけるのかといったテーマとも関わる。

　他方で，これまで刑事裁判で光が当てられてこなかった被害者をどのように位置づけるのかという問題にもつながっている。これまで刑事裁判においては，検察官と被告人がいわば表舞台に登場する人たちであり，この二者が当事者とされてきた。原田氏は，「僕に代わって，お上が長谷川君を懲らしめてくれれば僕の溜飲が下がるかといえば，それとも話が違うのです。被害者や被害者遺族は，加害者の刑罰に関して，完全に蚊帳の外に置かれています。」(原田：85)と述べるように，被害者やその遺族は裁判手続の外側に置かれてきた。

　しかし，2000年以降の種々の制度改正によって，被害者に光が当てられるようになり，たとえば被害者参加制度によって被害者が法廷に立って弁論としての意見陳述を行う等の活動ができるようなった。検察官と被告人をメインの当事者とする基本構図の上に，被害者・加害者という次元が部分的に付加されたということだろうか。被害者の参加は，被害者・加害者それぞれにとってどんな意義をもつのか，刑事裁判制度や社会にとってどんな意味をもつのか。

　本章や前章の事例検討で提示したことは，被害者・遺族が生涯背負って行かなければならない「被害者・加害者関係」の重さや苦悩の様相であり，この視

野だけから上記の問いに答えていくことはもちろんできない。犯罪被害者・遺族といっても，みんなが死刑を望むわけではないし，望まないからといって憎しみや葛藤がなくなるわけではない。むしろここでは，原田氏がいうように，被害者や遺族を「型にはめて」見るのではなく，それぞれの話に耳を傾けることから始めるべきであろう。

　12章，13章もその趣旨での紹介であり，二つの事例についての読み手それぞれの解釈や考察を一つの出発点とした上で，たとえば以下のような理論や研究に触れてみてはいかがだろうか。

　まず，〈修復的司法〉は，加害者・被害者の関係をトータルに見るときの背景理論となる。その全貌については，ハワード・ゼア（西村春夫・細井洋子・高橋則夫監訳）『修復的司法とは何か——応報から関係修復へ』（新泉社，2003）。犯罪被害者が置かれている現状分析の上に，あるべき刑事司法制度を多角的な視点から詳しく論じるものとして，指宿信編『犯罪被害者と刑事司法（シリーズ 刑事司法を考える 第4巻）』（岩波書店，2017）がある。酒井肇・酒井智恵・池埜聡・倉石哲也『犯罪被害者支援とは何か』（ミネルヴァ書房，2004）は，附属池田小学校事件の遺族とその支援にあたった臨床心理士らが，当事者の視点から被害者支援のあり方を考察・提案する。

【2】　法社会学的研究

　被害者参加が，量刑・判決を含む刑事裁判過程にどのような影響を与えるのかについての実証研究として，佐伯昌彦『犯罪被害者の司法参加と量刑』（東京大学出版会，2016）。

　性暴力やDVなどの身近な人からの暴力に法がどのように対応すべきかについての法社会学研究として，手嶋昭子『親密圏における暴力——被害者支援と法』（信山社，2016）。人間的尊厳を複合的に奪われた被害者が自己を取り戻していくためには，支援を受けることを「権利」として基礎づけていくことの必要性を強調する。

　犯罪を直接の対象としたものではないが，広い意味での紛争や問題解決の基礎となる道徳性や感情に注目した法社会学研究として，和田安弘『紛争と共感のリアリティ——「リアリティの共有」に関する法社会学的考察』（大阪公立大学共同出版会，2012）。がある。同書は，アダム・スミスの『道徳感情論』等の古典の解釈から，共感という接点を媒介とした紛争の新しい見方，解決への新しいアプローチを提案している。

【3】 悲嘆や怒りの乗り越え

本章は，憎しみではなく交流や赦しに向かうのが良いとか悪いとかを論じるものではない。問題提起したことは，それぞれの苦しみ方と乗り越え方の模索があるということ，そしてそのことを出発点に法と裁判の意義や問題点の考察に向かうことの提案である。その際，そもそも悲嘆や憎悪，敵意や暴力衝動とはどんなものなのか，被害者はそれらにどのように向き合い対処しようとしているのかを知ることも有用に思われる。たとえば以下の著作は，崖の上に登ろうとするときに人がギリギリのところで見つける苦悩の出口を探すまでの軌跡として読むことができる。アントワーヌ・レリス（土居佳代子訳）『ぼくは君たちを憎まないことにした』（ポプラ社，2016）。イゼルディン・アブエライシュ（高月園子訳）『それでも，私は憎まない——あるガザの医師が払った平和への代償』（亜紀書房，2014）。

▶§7__ 補足

【1】 被害者遺族の孤独感

もし，前章の江崎さん夫妻が原田氏と同じように加害者と面会していたらどんなことが起こっていただろうかと想像し，遺族にとっての問題解決の可能性や条件について考察してみることは重要な学習機会になると思われる。もちろん，簡単に比較することはできないいろんな状況の違いはあるが，逆にそこから不変項と変数とを識別する作業もまた重要な学びをもたらすように思われる。

ところで，江崎さんの事件と，原田氏の事件にはじつは重要な接点があった。原田正治氏は，江崎さんの息子を殺害した元少年Kに，「江崎夫妻に会って心から謝罪すること」を強く勧めた人でもあった（NHK 2011）。原田氏は，死刑判決が確定し長谷川との面会ができなくなった後，別の事件の加害者と会い，遺族との面会を勧めていた。その一人がKであり，この別々の2つの事件の接点になっていった。結局，Kと江崎夫妻が会うことはなかったが，面会を含めた対面・対話の意義を考えるという点では，江崎氏の事件での面会について，もう一度前章に戻って想像してみることには大きな意味があるように思う。

というのも，積極的に加害者と関わることに癒しの可能性を見つけようとした原田氏のケースも，息子の思いを通すためにあえて心に鍵をかけて死刑判決

を求めた江崎氏のケースも，ともにその生活を包囲していたのは被害者遺族の圧倒的な孤独であり，その疎外感が法・社会とどう関わっているのかの考察が重要だからである。しかも，当事者の孤独感や疎外感が司法制度やその背景思想にも由来しているとすれば，加害と被害の当事者はもちろん，その周囲や共同体，さらにさまざまな社会的支援の仕組みとの関連の中で，これからの法と裁判の姿を検討することの意義の大きさは改めて指摘するまでもない。

【2】 氏名の表記について

本章では，加害者の長谷川敏彦という死刑囚の名を長谷川と，敬称なしで表記している。他方で，被害者遺族の原田氏は，手記その他で加害者を「長谷川君」と〈君〉づけで呼んでいる。弟を殺した加害者を，呼び捨てでなく〈君〉づけで呼ぶことについて，原田氏は次のように書いている。

> 「彼を憎む気持ちと，彼を呼び捨てにすることとは違います。長谷川君のしたことを知って，呼び捨てにしてすむ程度の気持ちを抱く人を，僕は羨ましく思います。」
> 「被害者遺族が家族を殺した人間を呼び捨てにする，と思い込んでいる人は，世間に多いと思います。被害者遺族は，世間が求める姿でなければならないのでしょうか。被害者遺族といっても，一人ひとり人格があります。それぞれが違う人間なのです。それぞれが自分のやり方で，迷ったり，つまずきながら，事件から受けた様々な深い深い傷から立ち直ろうとしているのです。どうか僕たち被害者遺族を型にはめないで，各々が実際には何を感じ，何を求めているのか，本当のところに目を向けてください。耳を傾けてください。」(原田：5-6)

【3】 加害者の呼び方

本章でこの事件を取り上げた理由もまた，〈それぞれ〉のありように着目することを勧めるためであった。なお，私自身が本書において長谷川敏彦氏をどう呼ぶかはけっこう迷った。最初の段階では，呼び捨てにしているという認識もなく，ただ「長谷川」と書いていたが，上記に引用した原田氏の意図を改めて目にしたとき，当事者でない私が呼び捨てにするのは憚られた。かといって「長谷川氏」「長谷川さん」と書いてみたがそれはそれでとってつけたようで納得がいかず何回か書き直した。

最終的には，一般化しえない個別具体的な名とからだをもった一人の人間として尊重した上で，「氏」や「さん」をつけることで逆に何かわれわれとは関係のない遠い存在となってしまうように思い，あえて「長谷川」と敬称なしで呼ぶことにした。つまり，「長谷川」は間違いなく一個の具体的人間であると

同時に，私でもありみなさんでもありうるという連続性をもった存在と考えるべきと考えた。

　どうでも良いことに思えるかもしれないが，たとえば本章の「長谷川」をすべて「長谷川氏」と呼び変えて読み直したとき，出来事の見えがどう変わってしまうのかを小実験してみると何かの発見があるかもしれない。

　第Ⅳ部──犯罪被害者遺族の語り

まとめ

語りに向かう声とからだ

終章__ 出会い方のマネジメント

▶§1__ 章を横断して考える

　ここまで，13の章にわたって，法社会学的な考察のキッカケを示してきました。「はしがき」で述べたように，本書はいわゆる教科書とはスタイルを異にしています。紛争当事者や被害者や関係者のリアルな語りを聞いて，その意味を考えることで，法社会学的な考察に向かうキッカケを提供しようと考えました。

　それぞれの章で，データを提示し，小さな問いを立て，正解がないところで一つの解釈例も示してみました。当然いろんな解釈がありますので，読み手の別解を期待・促進する触媒のようなものです。

　問い自体も，それぞれに自由に立てていただきたいと思っています。おそらくもっとずっと重要な，切実な，あるいは奇抜な問いがあるはずで，それを立ててもらうためにも，できるだけ生のデータを多く盛り込もうと努めました。

　しかし他方で，語りデータの提示だけして後はご自由にというわけにもいきません。本書は，純粋の資料集とも違います。最初から一定のテーマを意図していたわけではなく後付け的なものではありますが，紹介したたくさんの人たちの声を少し離れた場所から通しで聞いてみると，そこに共通モチーフのようなものがボワッと現れてくるような気もします。

　その一つは，問題や困難のなかにあるときの人びとの「ちゃんと話しがしたい」という根っこの要求と，「それができない」という現実とのあいだの力動のようなものです。

▶§2__ 対話ニーズ

　ある人は，ちゃんとした話しを対話という言葉で求めます。第Ⅰ部で取り上げた大川小学校津波事故の事例で，小さな命の意味を考える会は，事故から約

10年後の冊子の更新版のなかで，「私たちは発信と対話を続けます。」と語っています。

> 　事故や問題が起きたとき，できるだけ穏便に収束を図るのが「慣例」なのであれば，今こそ変えるのです。ましてや，学校で失われた子どもや先生の命を，嘘や言い訳で語るべきではありません。市教委の先生方も本心では分かっているはずです。
> 　ボタンを掛け違えた場所は分かっています。それを認め，やり直すべきです。遅すぎることはありません。学校が「子どもを守り，輝かせる」場として信頼されるために，私たちは発信と対話を続けます。（小さな命の意味を考える会2020:14）

「はじめに」で少し触れた福島県富岡町の市村高志氏は，「私が国に求めることは対話です。」と明言しています。

> 　私が国に求めることは対話です。町民の声を国や町に届けようと１３年２月に福島県郡山市で開催した公開討論会に，町長や復興大臣，環境大臣を招きました。町長は参加してくれましたが，両大臣は代理の方さえも出席していただけませんでした。20年の東京五輪開催を機に福島の復興を世界にアピールすると聞いています。東京で五輪を開催するのは悪くないのですが，アピールすることが目的となって全てのものごとが進み，自らの復興のあり方を決めかねている人が置き去りにならないか心配です。（BSフジ2013）

討論や議論ではなく，会話とも違う〈対話〉という言葉に，どんな意味が込められているのでしょうか。

対話と聞いて，空調の効いた部屋で意見を交換し最後は握手で終わるような風景を想像する人もいるかもしれませんが，ここで求められている対話は，そもそも現れない相手や，登場はするが本当のことを話そうとしない相手（第1章，第2章参照）との何年にもわたる辛抱や怒りの果てに，それでも粘り強く求める〈話し合いの場〉であることを忘れるわけにはいきません。

とりあえず会って話しをすることが，どれほど難しいことなのかを思うにつけ，それでもそこに可能性を求めるしかない〈対話〉に，いったい何が期待されているのでしょうか。その一つは，〈会う〉という身体的なぶつかり合いにあるのかも知れません。

▶ §3__ 対面　　了解を生む身体配列

対話という言葉は使っていませんが，保険金目当て殺人事件で弟を殺害され

た原田正治氏（第13章）も，対面の価値を強調します。法廷で加害者に飛びかかろうとする衝動に何度も襲われた原田氏でしたが，拘置所での面会以降，「僕が求めてるのは，<u>面会してあいつと話がしたい</u>ということなんだ。」と，加害者との面会に癒しの場を見出していきました。

> 長谷川君が謝ってくれるということは，長谷川君の謝罪するという気持ちが（こっちに）来るから，それがある程度心の中の癒しになると思う。死刑廃止を求めているわけじゃないですよ。僕が求めてるのは，面会してあいつと話がしたいということなんだ。唯一のね，僕の気持ちを受け取ってくれる人だと，僕は考えたい。」

　なぜなんだ，なぜうちの弟なんだという疑問と怒りをぶつけてやろうと向かった拘置所で，アクリル板越しに全身で加害者と対峙し，少しずつ交流していく。当初は死刑判決を強く求めていた原田氏も，最後は法務大臣に死刑執行停止を嘆願するように変わっていきました。

　何が話されたかのコンテンツよりも，そもそも会うということにはどんな意義があるのでしょうか。相手の姿を見ること，見止（みと）めること，同じ場所にいること。気がつくと部屋の時計の秒針音だけが聞こえる。そんな時間や場所に居合わせることから，いったい何が生まれるのでしょうか。この問いは，調停や仲裁などの対話をベースにしたADR手続だけでなく，訴訟や法律相談をも含めた紛争解決プロセスの意義や問題点を検討するときに現れる根底的な問いでもあるように思います。

▶§4　受領　　いったんの受け止め

　本書の事例分析では取り上げていませんが，2018年に富山県で発生した奥田交番襲撃事件は一つのヒントになるかも知れません。

　元自衛隊員の男が交番で警部補を襲って拳銃を奪い（警部補はその後死亡），その後近くの奥田小学校で警備員中村信一さんに発砲し死亡させました。

　中村さんの妻は，初公判を前に被告に何を望むかと聞かれ，こう語っています。「私たちが罪を決めるわけじゃない。望むことは，私たちの苦しみや悲しみ，傷をわかってほしいということ。それがわからないうちは，死んでもらったら困る」。（朝日新聞2020年12月11日）

　年が明け，被害者参加制度を使って意見陳述に立ちました（下線は筆者）。

「島津慧大さん」。最後に意見を述べた中村さんの妻は時折，被告をまっすぐ見て，名前を呼びながら言葉をつないだ。被告と面会した際，「悪いとは思えない。警察官と見誤ったことが悔やまれる」と言われたことを明かした。「責任を感じているように思えなかった。でもその後，『こんな自分で申し訳ない』と言いました。不思議な言葉でした」と振り返った。

　そして，「（障害の）治療を受け，苦しみや命の尊さを理解できるようになってもらわないと」。事件の理不尽さ，夫の無念を思うと「科すべき刑は死刑しかない」。そう語りつつ，こう締めくくった。「あなたにはできるだけ長く生きてもらいたい。遺族以上に悩み，苦しみ，後悔して，生涯を終えてもらいたい」（朝日新聞2021年2月9日）

　突然夫を奪われた悲嘆，苦悩をわかってもらい，理不尽な出来事を受け止める手がかりを得ようとする。つまり，刑罰・量刑という刑事手続の主題と交差するように，どうやってこの出来事を「受領」するかというもう一つの重要なプロセスを同時に生きていることに注目しなければなりません。

　拘置所での面会で，「旦那さんを殺したことは悪いとは思っていません。悪いと思えないことが申し訳ない。こんな僕で申し訳ないです。」と中村さんに語った加害者。その後の法廷ではずっと無言だった被告が，中村さんの意見陳述のときは，「顔を上げ，中村さんをじっと見て，話を聞いていた。」という（NHK事件記者取材note 2021年6月26日）。後日中村さんは，「裁判官や裁判員に向けてではなく，島津被告に伝えたくて書いた意見陳述だったので，こちらを向いてくれただけでもよかった。」「聞いてくれることがまず第一歩。時間はかかるかもしれないが，少しずつ自分がしたことを理解して，苦しんでいる人がいることもわかってほしい。」と語っている（NHK，同前）。

　ここには，話すことと同時に，見ること／聞くこと／向くこと／いることの重さが示されているように思います。つまり，言葉による説明や理解を超えた，対話と対面の意義がはっきり出ているように思います。

　面会の場で語った数少ない言葉，「悪いとは思わない」「こんな自分で申しわけない」という「不思議な言葉」をどう受け止めるのかは，遺族だけでなく私たちにとっても大きな課題になるでしょう。そのとき，意見陳述する中村さんの方を向いて聞いていた被告の身構えや表情という身体的語りをどう聞くのかが重要な手がかりになるように思います。

▶§5＿ 共約不能

　ここには，分かり合うことの困難と，それでも対話・対面がもつ可能性の両方が示されているように思います。

　話し合いによる円満解決という理念がまさにそうであるように，対話のその先に，分かり合うことが暗黙に前提とされるというのが一つの対話イメージではないでしょうか。もちろん，理解し合えたと実感できることもあるかもしれませんが，簡単にそうならないことの方が多いのではないでしょうか。だとすると，わかりあうことを安易に外側から想定することは，むしろ当事者自身の問題解決を蔑ろにしてしまう危険があるように思います。

　本書では取り上げていませんが，医療事故で息子をなくした母親が弁護士なしの本人訴訟で医療過誤訴訟を闘った母親は，尋問の場で無念の思いを医師に直接ぶつけ厳しく責任を追及しました（佐々木ほか，2002）。最終的に，医師らの過失が認められ勝訴判決を手にしましたが，このケースでも，医師らが遺族の悲しさや無念をその通りに理解したわけではありません。

　つまり，わかってほしい，わからせたいという強い思いがあるものの，同じ位置で同じ経験をすることができない以上，それぞれのそのまんまの経験を共有することはそもそも不可能なことなのかもしれません。

　だからといって，理解を求めようとすることに意味がないということではもちろんありません。むしろ，わかってもらいたい，思い知らせてやりたいと始めた対面・対話から生まれるものがあります。上記の医療過誤訴訟の母親は，「尋問が終わったあと，4日間ぐらいすごく嫌悪感を感じました。私がこのように追及してほんとうによかったんだろうか。人間が人間に正面からぶつかっていく苦しさというのはすごくありました。だから，今はもう許せているんです。医者も苦しんだと思うんですよ。証人尋問に来られたときに，やせておられたのを見て，やっぱり悩んだんだなと思いました。」（佐々木ほか，2002：18-29）と語っています。おそらくここには，医師の痩せた姿を一瞬見止めたとき，直接ぶつかり合うことでしか知り得ない身体的真実と，それをきっかけに受領というプロセスが動き出したように思います。

　面会に安らぎや羨望を感じた原田氏（第13章），社内ネットでの問題提起から喫煙秩序の急展開を見たS氏（第7章），経験話法で上司からの預かり拒否を体

を張って回避したC氏（第10章）等々，本書には対話・対面から何が生まれるのかを示す事例が多くありました。

　相手が理解しているかどうかはわからないけれど，やりとりの中で，事態をひとまず受け取ることを前節で「受領」と呼びました。理解とは違う，受容や諦めとも違う，わからせたいと思う相手の言葉や体や場全体を，否定せず受けとってそれをきっかけにして先に進むこと。「悪いとは思わない」「こんな自分で申しわけない」という言葉を不思議と感じたとき，中村さんの妻は，まさにこの関わりを受領するかどうかのまん前に立って迷っておられたのではないかと推測します。

　こうしてものすごく大きなエネルギーを使って対話や対面を求めるのは，そこに問題の出口や乗り越えの手がかりがあるという確信と，そこから出来事を一つのまとまりとして受け取るという大きな企図があるからではないでしょうか。それは，責任能力や計画性や動機，予見可能性や結果回避可能性といった法的な出来事理解とは違った，受領とでも呼ぶしかない，生身の人と人のあいだに生まれる何か特別な行為のように思われます。

▶§6＿　手がかりの不在

　しかしながら，問題の乗り越えや解決の重要な手がかりとなる対話と対面が，実際にはなかなか得られないという現実があります。

　そもそも現れない相手や，登場はするが本当のことを話そうとしないといったように，対話・対面が実質的に〈不在〉となるケースが多く見られます。

　第1章で取り上げた大川小学校の生存教員との対面もまた，遺族の方々が望みながら，果たされずにいるものの一つです。第1回目の保護者説明会で泣き崩れて退場した後，いっさい人前に出なくなって10年が過ぎましたが，子どもの最期を思う親たちにとって不可欠な，校庭での51分は空白のままです。ある親御さんは，生存教諭から何を聞きたいかを尋ねられ，こう答えています。「どんな風が吹いていたのか？（中略）先生たちは子どもたちの命を真剣に守ろうとしたのか？子どもたちは寒がっていたのか？家に帰りたがっていたのか？わたしの娘はどんな様子だったのか？あの子に最後に話しかけた人は？逃げたとき，誰のそばにいたのか？誰かと手をつないでいたのか？……」（パリー2018:264）。

裁判所は，教諭を証人として呼ぶことを認めませんでした。もし証言がなされていたら，子どもの生の最後を知ることはもちろん，逃げ遅れた原因を検証し，将来の子どもたちの命を救うことにつながったでしょう。しかし，裁判が主たる関心をもっているのは，法的過失の有無を判断するのに必要な情報であり，子どもたちの様子一つひとつが拾い出されるわけではありません。だからこそ，保護者説明会は重要な場であったのですが，親たちの知りたいことに答えるよりも何かを守ることに終始しました（第2章）。

　第12章の江崎恭平さんは，加害者の元少年のことばに一時期心を揺さぶられました。最後は自分の心に鍵をかけ，死刑判決だけを求め，その通りになりました。しかし，少年がいったいどんな思いで手紙を送ってきたのか，一度弁護士に利用された苦い経験があるだけに，弁護士に勧められただけのものかもしれないとの疑念を捨てきれなかったのでしょう。いずれにせよ，恭平さんは言葉の真偽を確かめる機会，もしかしたら乗り越えの手がかりになったかもしれない対面や対話なしで判決を迎えました。望んだ通りの死刑判決でしたが，無念さを晴らせたと振り返る妻テルミさんと対照的に，どんな謝罪や償いであれ結果を一生二人で背負って生きてかにゃあいかんと，裁判が終わった後も加害者との関わりを生きていくことの重さを語っておられました。

　他方，第13章の原田氏は，家族や職場その他周囲から孤立していったとき，加害者長谷川との面会から深い癒しを得ることになりました。やがて面会は認められなくなり，そして刑が執行されました。原田氏は，かけがえのない人を二人，すなわち弟と長谷川君を失いました。

　乗り越えの手がかりとしての対面・対話の重要性を述べるだけでなく，なぜ対話・対面の機会を得られないのかも考えなければなりません。ここでこの点について詳しく論じることはできませんが，たとえばJR福知山線脱線事故の遺族とJRによる事故原因の究明活動は一つの参考になるでしょう。事故が起き，犠牲者が出る。事故原因をつくったとされる会社は，加害者として，また被告となって法的責任を追及されます。そのとき，防御モードに入って遺族との関係が遮断されたり不誠実なものになったりすることが起こります。

　事故原因の徹底究明を求める淺野弥三一氏や木下廣史氏ら遺族の一部が手探りのなかでつくり出した〈方法〉は，責任追及をしないことを条件として一緒に事故原因を検証する活動の提案でした。最初の「課題検討会」では，怒号や退室等もありましたが，淺野氏は「加害者と被害者の立場を越えて，なぜこの

事故が起きたのかという一点で互いに意見を言い合い考え抜く」ことで共通認識も生まれたと語っています（松本2018：290）。

▶§7__ 出会い方のマネジメント

　この事例は，淺野氏本人が「これがモデルケースだとは思っておりません。一つのレアケースとして提示できればいい。」（同前：291）と述べているように，対面・対話の場がつくられた数少ない例の一つです。しかし，ここには対話と対面の意義とその始まりを考えるときのヒントが含まれているように思います。

　すなわち，対話・対面という重要な解決手がかりを確保・調達するには，当事者・関係者の「出会い方」の組み替えや，場のコンテクスト変換が必要ではないかという点です。社内一斉の分煙化を求めた第7章のS氏が，ボスニア・ヘルツェゴビナ部長を見返し全社的分煙にたどり着いたのは，最初の問題提起の仕方や産業医らの努力もありましたが，社内掲示板というツールの力が大きかったことはすでに見た通りです。第6章のM氏が，人間関係上の余計な摩擦や対立を避けて館内一斉禁煙に徐々に到達した背景には，社内のSP制度という匿名化された問題提起チャネルがありました。

　中村さんの妻や第13章の原田氏が求めた被告との面会や，被害者参加制度等も，従来の刑事裁判のメインのプロセスに加えられた，出会い方の拡張や文脈転換という意義をもっているように思います。

　本書では，多様な紛争領域や処理手続そのものについては検討していませんが，「出会い方のマネジメント」は，訴訟，ADRから示談交渉等も含め，現在の紛争処理の問題点と可能性を検討する際の一つの観点となるのではないかと考えます。たとえば，和田仁孝（2020b）が提起するこれからのADR活性化の方向性，すなわち「待つADR」から「入り込むADR」への転換は，紛争解決を支援する人・機関と当事者との「出会い方」の革新と見ることができます。

　以上，本書では，紛争当事者や被害者や関係者のリアルな言葉・声・からだの動きに着目し，そこから法社会学的考察に向かうキッカケを提供できればと進めてききました。どれか一つの事例でも，一つの言葉でも興味をもてそうなところがあったら，今度はぜひ本格的な法社会学の学習，あるいはより広く法学の学習に進んでいただきたく思います。

【引用文献】

BSフジ「大震災から2年9か月　帰還断念増加の本心は」2013年12月10日放送）

小さな命の意味を考える会(2020)　「小さな命の意味を考える(第2集)　宮城県石巻市立大川小学校から未来へ〔第2版〕」(同年10月25日)

松本創(2018)　『軌道——福知山線脱線事故　JR西日本を変えた闘い』東洋経済新報社

和田仁孝(2020a)　「法と共約不可能性——「被害」のナラティヴと法の権力性をめぐって」和田仁孝『法の権力とナラティヴ』(北大路書房，2020)12章

和田仁孝(2020b)　「統合的な紛争処理を目指して」和田仁孝・中村芳彦・山田恵子・久保秀雄『ADR／メディエーションの理論と臨床技法』(北大路書房，2020)第8章

佐々木孝子・山崎浩一・川嶋四郎(2002)　「特集座談会　なぜ息子は死ななければならなかったのか——本人訴訟で医療過誤訴訟を戦って」Causa 2号18-29頁.

NHK事件記者取材note 2021年6月26日

https://www3.nhk.or.jp/news/special/jiken_kisha/shougen/shougen20/?utm_int=detail_contents_special_001(2021年6月26日閲覧確認)

◆著者紹介

西田 英一（にしだ・ひでかず）

略歴
1958年　福井県に生まれる
1982年　京都大学法学部卒業
1985年　京都大学大学院法学研究科博士課程中途退学
現　在　甲南大学法学部教授

〔主要業績〕
『声の法社会学』（単著）北大路書房，2019年
『振舞いとしての法──知と臨床の法社会学』（山本顯治との共編）法律文化社，2016年

語りから学ぶ法社会学
声の現場に立ち会う

Learning from Narratives
Stepping Stones to Law and Society

2021年10月10日　初版第1刷印刷
2021年10月20日　初版第1刷発行

著　者　　西　田　　英　一
発行所　　（株）北大路書房
〒603-8303　京都市北区紫野十二坊町12-8
電　話　　（075）431-0361（代）
ＦＡＸ　　（075）431-9393
振　替　　01050-4-2083

企画・編集制作　秋山　泰（出版工房ひうち：燧）
組　版　　華洲屋（kazu-ya）
装　丁　　上瀬奈緒子（綴水社）
印刷・製本　創栄図書印刷㈱

ISBN 978-4-7628-3171-3　C3032　Printed in Japan ©2021

声の法社会学　　西田 英一 著

A5判　横組・上製　カバー巻　256頁　5,000円＋税　　【2019年刊】

紛争，問題解決場面や乗り越えの過程で〈声〉はどんな働きをするのか。本書は，〈声〉が〈法〉と，身体が規範・文化・制度と，ぶつかり，きしむさまを，描こうとしたエスノグラフィカルな考察である。声の働き，即ち，本人性，手触り（メタメッセージ），言葉・物語・意味とのあらがい，それらの記述を試みた苦闘の跡でもある。

北大路書房

和田　仁孝・中村　芳彦
山田　恵子・久保　秀雄　共著

『ADR／メディエーションの理論と臨床技法』

A5判・横組み・並製　カバー巻　184頁　2,400円＋税　【2020年刊】

　本書は，日本の様々なADR（しいて言えば「裁判外紛争解決手続」）機関（裁判所調停から民間ADRまで）において，実務に携わっている方，また，将来の実務にかかわる可能性のある方に向けて，背景，考え方，基礎理論をふまえ，法実務の臨床的技法を身につける実践型入門テキストである。

　本書は，こうした観点から，ADRの基本的概念を説きながら，なぜわが国では海外と異なる法的なADR定義がとられているのか，その背景を理解したうえで，では，そこで参考になる海外のメディエーションの理論とスキルが，どういう意味で，どの範囲で，わが国のADR実務に有益でありうるのかを検証・説明し，ロールプレイ課題へと導いている。いわば，英米のメディエーション（自主的交渉援助型調停）と，わが国のADR実務の融合的活用のあり方を示す書である。

　なお，第7章では，ロールプレイによる学習のための事案教材を提案している。

·························· 目次 ··························

北大路書房

❖ 和田 仁孝 著 　法臨床学への転回 　全3巻 ❖

▶A5判　横組・上製　カバー巻　各巻280〜336頁

第1巻　　法の権力とナラティヴ　　　　　　　　　5,000円＋税

Narrative and Power in Law:

Turn towards Clinical Jurisprudence　Vol.1

解釈法社会学をさらに深化させ学範を越境。「臨床」という語の含意と価値を，理論的・批判的・実践的に更新し，「法臨床学」へと舵を切る。〈法〉の語りの抑圧性を検証しつつ「臨床」をとらえ直す。　【2020年刊】

第2巻　　紛争過程とADR　　　　　　　　　　　5,400円＋税

Process of Dispute and Alternative Dispute Resolution:

Turn towards Clinical Jurisprudence　Vol.2

紛争と紛争への対処の在り方をめぐる研究。紛争は，法に限らず社会の中に遍在し，だれもが経験する過程であるが，この紛争という現象をどうとらえるか，紛争に巻き込まれた当事者の認知を基盤に，そこからあるべき紛争交渉支援を模索していく。　【2020年刊】

第3巻　　過程としての裁判と法専門家　　　　　　5,800円＋税

Lawsuits as a Social Process and Role of Legal Profession:

Turn towards Clinical Jurisprudence　Vol.3

権力的紛争解決メカニズムである裁判が，現実に果たしている機能を社会背景の中で再定位。それと連動する法専門家の社会的役割，また訴訟における当事者本人の位置づけについても，あくまでも社会に生きる当事者本人の視点や動きを前提に検証していくアプローチをとる。　【2021年刊】

北大路書房